U0801323

农业执法案例汇编

农业农村部法规司
农业农村部管理干部学院 编

法律出版社
LAW PRESS · CHINA

前　　言

农业行政执法文书是农业行政执法程序推进的重要工具，也是执法全过程活动的重要体现，执法文书的规范性不仅关系着执法程序的合法性，而且对案件办理质量具有十分的重要影响。掌握好执法文书制作的基本规范，是各级农业行政执法人员的一项必备能力素质，而结合文书制作范例开展学习，是提高文书制作水平的重要方式。为了进一步提高农业行政执法文书制作水平，我们选择两个有代表性的农业行政执法文书制作优秀案卷进行了汇编，对文书内容中的敏感信息进行适当技术性处理，同时尽量保持文书制作的原有信息，供各级农业行政执法人员学习参考。

编　者

2018 年 11 月

目　　录

案例一　生产经营假种子案

一、案情简介

2016 年 2 月 25 日，眉山市东坡区农业局收到眉山市农业局《关于依法查处 2015 年农作物种子监督检查不合格企业的通知》（眉市农函〔2016〕12 号）及相关证据材料，初步掌握了在 2015 年农业部组织的农作物种子企业监督检查行动中，扦取的当事人生产经营的“冈优 336”水稻种子和“宜优 99”水稻种子标签标注品种名称不真实的情况。依据《中华人民共和国种子法》（2013 年第二次修正）第四十六条的规定，以上两个品种的水稻种子属假种子。

当事人生产经营假种子的行为，违反了《中华人民共和国种子法》（2013 年第二次修正）第四十六条规定，应予处罚。经集体讨论，2016 年 3 月 9 日向当事人送达了《行政处罚事先告知书》。3 月 11 日，当事人向眉山市东坡区农业局书面提交了《关于冈优 336 减轻行政处罚的申请书》《关于宜优 99 减轻行政处罚的申请书》。2016 年 5 月 10 日，眉山市东坡区农业局再次召开专题会议，集体研究讨论当事人请求减轻行政处罚的申请，会议决定：依据《中华人民共和国种子法》（2013 年第二次修正）第五十九条规定、《中华人民共和国行政处罚法》第二十七条规定、《四川省农业行政处罚裁量权适用规则》第五条及第六条规定，当事人陈述申辩请求减轻行政处罚的理由予以采纳，可酌情对当事人减轻处罚，参照《四川省农业行政处罚裁量标准（种子）》第 1 项规定，责令当事人立即停止生产、经营假种子，并作出如下行政处罚：没收“冈优 336”水稻种子 2500 公斤，并处罚款 18000.00 元；没收“宜优 99”水稻种子 7370 公斤，没收违法所得 4075.00 元，并处罚款 20375.00 元；以上罚没款合计人民币 42450.00 元。

当事人已停止生产经营假种子，并在规定的期限内缴纳了罚没款。

二、简要点评

本案是由上级交办的生产经营假种子违法案件，对加强种子市场监管具有积极的借鉴意义，本案有以下亮点：

1. 事实清楚、证据充分。违法事实有眉山市农业局下发的《关于依法查处 2015 年农作物种子监督检查不合格企业的通知》及相关证据材料，包括执法机关现场检查（勘验）笔录、询问笔录、现场勘验照片、农作物种子生产合同、收购凭证等证据证实。被处罚主体认定明确，有营业执照、当事人身份证、主要农作物种子生产许可证、农作物种子经营许可证等证据印证，形成了完整的证据链。

2. 适用法律法规正确，重大案件集体决定。本案当事人违法行为发生在2015年，依据2015年11月4日修订前的《中华人民共和国种子法》(2013年第二次修正)相关规定处理。在当事人提出陈述申辩后，由于案情重大，处罚机关分管领导再次组织纪检、矛盾调解中心、法规股、种子站、执法大队负责人及相关人员召开专题会议，充分依据《中华人民共和国行政处罚法》《四川省农业行政处罚裁量权适用规则》《四川省农业行政处罚裁量标准(种子)》的规定及裁量标准，集体讨论决定对当事人违法行为的处罚。

3. 案件文书制作规范。本案文书严格按照农业部《农业行政执法文书制作规范》要求制作，要素齐全、表述简明扼要、逻辑清晰。

4. 宽严相济，处罚与教育相结合。处罚机关依据案件情节，充分考虑当事人陈述申辩理由，依法酌情对当事人减轻处罚，符合处罚宽严相济的原则，充分体现行政处罚与教育相结合的原则。

三、处罚案卷

眉山市东坡区农业局

农业行政处罚案件卷宗

关于四川　　种业有限责任公司生产经营假种子案

自 2016 年 2 月至 2016 年 5 月	保管期限	长期
本卷共 34 件 141 页	归 档 号	（2016）1 号

全宗号　　目录号　　案卷号

卷 内 目 录

卷 内 目 录

卷 内 目 录

卷 内 目 录

序号	文号	责任者	题　名	日期	页号	备注
32		眉山市东坡区国有资产监督管理局	罚没水稻种子处理图片	20160524	138-139	打印件
33		眉山市东坡区国有资产监督管理局	罚没水稻种子款执行票据	20160525	140-140	复印件
34		徐 蒋	行政处罚结案报告	20160526	141-141	

眉山市东坡区农业局
行政处罚决定书

眉东农（种子）罚〔2016〕1号

当　事　人：四川[redacted]种业有限责任公司

法定代表人：陈[redacted]　　　　电话：（028）8580[redacted]

企业法人营业执照注册号：5114[redacted]（1-1）

企业地址：眉山市东坡区[redacted]

主要农作物种子生产许可证：B(川)农种生许字（2005）第[redacted]号

农作物种子经营许可证：B(川)农种经许字（2007）第[redacted]号

当事人生产经营假种子一案，经本机关依法调查，现查明：

2016年2月25日，眉山市东坡区农业局收到眉山市农业局《关于依法查处2015年农作物种子监督检查不合格企业的通知》（眉市农函〔2016〕12号）及相关证据材料，掌握了在2015年农业部组织的农作物种子企业监督检查行动中，扦取的当事人生产经营的“冈优336”水稻种子和“宜优99”水稻种子品种真实性不合格的情况。其中“冈优336”水稻种子样品经农业部农作物种子质量监督检验测试中心（深圳）检验，检验结论：该种子样品与标准样品相比，均检测48个位点，检出10个差异位点，判定该批次种子标签标注品种名称不真实；“宜优99”水稻种子样品，经农业部农作物种子质量监督检验测试中心（深圳）检验，检验结论：该种子样品与标准样品相比，均检测48个位点，检出 8 个差异位点，判定该批次种子标签标注品种名称不真实。依据《中华人民共和国种子法》第四十六条“下列种子为假种子：（二）种子种类、品种、产地与标签标注的内容不符的”规定，以上两个种子属假种子。2016 年 2 月 26 日，经本机关负责人批准，我局对当事人生产经营假种子的行为依法立案调查。

2016 年 2 月 28 日，对当事人生产经营的“冈优 336”、“宜优 99”水稻种子实施了就地登记保存，2016 年 3 月 1 日，对当事人的委托人进行了询问调查，提取了当事人《主要农作物种子生产许可证》、《农作物种子经营许可证》、《营业执照》、《农作物种子委托制种生产合同》、《种子生产、收购、销售凭证》等相关证据材料。

经本机关调查取证，现已查实：“冈优 336”水稻种子是当事人 2013 年在东坡区[redacted]生产，该批种子生产数量 2500 公斤，批次编号：20130820，包装规格：50kg/袋，收购价格 13.80 元/公斤，未销售，现库存 2500 公斤，货值金额 34500.00 元；“宜优 99”水稻种子是当事人 2014 年在广安市[redacted]县生产，该批种子生产数量 7533 公斤，批次编号：2014009，包装规格：55 kg/袋，已销售 163 公斤，销售价格 25 元/公斤，获销售收入 4075.00 元，现库存 7370 公斤。

以上事实有以下证据证实：

1、2016 年 2 月 25 日，本机关收到的眉山市农业局《关于依法查处 2015 年农作物种子监督检查不合格企业的通知》（眉市农函〔2016〕12 号）及相关材料，证明当事人生产经营不合格种子的基本事实。

2、2016 年 3 月 1 日，本机关行政执法人员依法对当事人调查询问制作的《询问笔录》，证明当事人经营该涉案产品的经过、数量、货值等基本事实。

3、2016 年 2 月 28 日，本机关行政执法人员依法对当事人种子仓库检查时制作的《现场检查（勘验）笔录》，证明当事人仓储涉案种子的地点、产品包装、存放位置、数量等事实。

4、2016 年 3 月 1 日，当事人提供的涉案种子的《四川[redacted]种业种子收购凭证》、《入库单》原件及复印件，证明当事人收购涉案种子的数量、日期。

5、2016 年 3 月 1 日，当事人提供的涉案种子的《出库单》复印件，证明当事人销售涉案种子的去向、数量、金额、日期。

6、2016 年 2 月 28 日，本机关行政执法人员对当事人库存的涉案种子检查时制作的《证据提取单》，证明当事人库存涉案种子名称、包装规格、数量。

7、2016 年 3 月 1 日，当事人提供的《农作物种子生产许可证》复印件，证明当事人取得生产涉案种子的主体资格。

8、2016 年 3 月 1 日，当事人提供的《农作物种子经营许可证》复印件，证明当事人取得经营涉案种子的主体资格。

9、2016 年 3 月 1 日，当事人提供的《农作物种子委托制种生产合同》、《杂交水稻种子委托代管生产责任合同》、《2014 年

[redacted]宜优99制种花名册》复印件，证明涉案种子是由当事人生产。

10、2016年3月1日，当事人提供的《营业执照》和法定代表人陈[redacted]的身份证复印件，证明当事人是本案承担行政法律责任的适格主体。

以上事实清楚，证据充分，应予认定。

本机关认为：因当事人违法行为发生在2015年，应依据2015年11月4日修订前的《中华人民共和国种子法》相关规定处理。当事人生产经营假种子的行为，违反了《中华人民共和国种子法》第四十六条“禁止生产、经营假、劣种子”之规定，应予处罚。2016年3月7日，本机关分管领导组织纪检、矛盾调解中心、法规股、种子站、执法大队负责人及相关人员召开专题会议，就当事人生产经营假种子一案的处理进行了集体讨论，拟对当事人进行行政处罚。

2016年3月9日，本机关向当事人送达了《行政处罚事先告知书》(眉东农(种子)告〔2016〕1号)，告知拟给予当事人行政处罚的内容及违法事实、理由和依据，告知当事人陈述申辩的权利。3月11日，当事人向本机关书面提交了《关于冈优336减轻行政处罚的申请书》、《关于宜优99减轻行政处罚的申请书》，当事人认为：公司积极配合农业执法部门对本案的调查；2013年生产的该批“冈优336”水稻种子，由于市场销售严重萎缩等原因，一直存放在东坡区[redacted]种子仓库，未销售，没有给任何单位和种植户造成经济损失；2014 年生产的 7533 公斤“宜优 99”水稻种子，由于当年制种产量低、亲本纯度不太高，2015 年 3 月，经海南冬季鉴定田间纯度差，公司立即通知经销商将种子全部退回，另有 163 公斤种子已销售，未收到已销售的种子给种植户生产造成经济损失的投诉，未销售的 7370 公斤种子终止了销售并召回，当事人请求减轻行政处罚。2016 年 5 月 10 日，本机关分管领导再次组织纪检、矛盾调解中心、法规股、种子站、执法大队负责人及相关人员召开专题会议，集体研究讨论当事人请求减轻行政处罚的申请。

本机关认为：依据《中华人民共和国种子法》第五十九条“违反本法规定，生产、经营假、劣种子的，由县级以上人民政府农业、林业行政主管部门或者工商行政管理机关责令停止生产、经营，没收种子和违法所得，吊销种子生产许可证、种子经营许可证或者营业执照，并处以罚款；有违法所得的，处以违法所得五倍以上十倍以下罚款；没有违法所得的，处以二千元以上五万元以下罚款；构成犯罪的，依法追究刑事责任”之规定，鉴于当事人积极配合案件调查，“冈优 336”水稻种子并未销售，且及时停止并召回了未销售的“宜优 99”水稻种子，没有给任何单位和种植户造成危害后果，根据《中华人民共和国行政处罚法》第二十七条“当事人有下列情形之一的，应当依法从轻或者减轻行政处罚：（一）主动消除或者减轻违法行为危害后果的”之规定，根据《四川省农业行政处罚裁量权适用规则》第五条“当事人有下列情形之一的，应当从轻或者减轻行政处罚：（二）主动消除或者减轻违法行为危害后果的”、第六条“当事人有下列情形之一的，可以从轻或者减轻行政处罚：（一）能够主动改正或者及时中止违法行为的”之规定，本机关认为：当事人陈述申辩请求减轻行政处罚的理由予以采纳，可酌情对当事人减轻处罚。参照《四川省农业行政处罚裁量标准（种子）》第1项规定，责令当事人立即停止生产、经营假种子，并作出如下行政处罚：

1、没收“冈优336”水稻种子2500公斤，并处罚款18000.00元；

2、没收“宜优99”水稻种子7370公斤，没收违法所得4075.00元，并处罚款20375.00元；

3、以上罚没款合计人民币42450.00元（肆万贰仟肆佰伍拾元整）。

当事人必须在收到行政处罚决定书之日起15日内持本决定书到指定银行缴纳罚没款，逾期不按规定缴纳罚款的，根据《中华人民共和国行政处罚法》第五十一条的规定，每日按罚款数额的3%加处罚款。

开户银行：工商银行眉山市分行营业部

收款人全称：眉山市东坡区财政局非税收入专户

帐号：2313[redacted]

当事人如不服本处罚决定的，可在收到本处罚决定书之日起60日内向眉山市农业局或眉山市东坡区人民政府申请行政复议；

或者六个月内向眉山市东坡区人民法院提起行政诉讼。当事人逾期不申请行政复议或提起行政诉讼，也不履行本机关行政处罚决定的，本机关将依法申请人民法院强制执行。

眉山市东坡区农业局

2016年5月12日

7

8

行政处罚立案审批表

眉东农（种子）立〔2016〕1号

<table>
<tr><td>案件来源</td><td colspan="4">上级交办</td><td>受案时间</td><td colspan="2">2016 年 2 月 25 日</td></tr>
<tr><td>案　　由</td><td colspan="7">涉嫌生产经营假种子案</td></tr>
<tr><td rowspan="5">当事人</td><td rowspan="3">个人</td><td>姓名</td><td colspan="3"></td><td>电话</td><td></td></tr>
<tr><td>性别</td><td></td><td>年龄</td><td></td><td>身份证号</td><td></td></tr>
<tr><td>住址</td><td colspan="5"></td></tr>
<tr><td rowspan="2">单位</td><td>名称</td><td colspan="3">四川[redacted]种业有限责任公司</td><td>法定代表人</td><td>陈[redacted]</td></tr>
<tr><td>地址</td><td colspan="3">眉山市东坡区[redacted]</td><td>电话</td><td>（028）858[redacted]</td></tr>
<tr><td>简要案情</td><td colspan="7">2016 年 2 月 25 日，眉山市东坡区农业局收到《眉山市农业局关于依法查处 2015 年农作物种子监督检查不合格企业的通知》（眉市农函〔2016〕12 号）及相关材料，掌握了通报了在 2015 年农业部组织的农作物种子企业监督检查行动中，扦取的当事人生产经营的“冈优 336”水稻种子和“宜优 99”水稻种子品种真实性不合格的情况。其中“冈优 336”水稻种子样品经农业部农作物种子质量监督检验测试中心（深圳）检验，检验结论：该种子样品与标准样品相比，均检测 48 个位点，检出 10 个差异位点，判定该批次种子标签标注品种名称不真实；“宜优 99”水稻种子样品，经农业部农作物种子质量监督检验测试中心（深圳）检验，检验结论：该种子样品与标准样品相比，均检测 48 个位点，检出 8 个差异位点，判定该批次种子标签标注品种名称不真实。
依据《中华人民共和国种子法》第四十六条“禁止生产、经营假、劣种子。下列种子为假种子：（二）种子种类、品种、产地与标签标注的内容不符的”之规定，当事人涉嫌生产经营假种子的行为，建议立案查处。
受案人签名：[redacted]
2016 年 2 月 26 日</td></tr>
<tr><td>执法机构意见</td><td colspan="7">建议立案查处　　签名：[redacted]
2016 年 2 月 26 日</td></tr>
<tr><td>法制机构意见</td><td colspan="7">同意立案查处。　　签名：[redacted]
2016 年 2 月 26 日</td></tr>
<tr><td>执法机关意见</td><td colspan="7">同意。　　签名：[redacted]
2016 年 2 月 26 日</td></tr>
<tr><td>备　注</td><td colspan="7">无</td></tr>
</table>

9

姓名 陈[redacted]

性别 男 民族 汉

出生 19[redacted]年[redacted]月[redacted]日

住址 四川省彭山县[redacted]

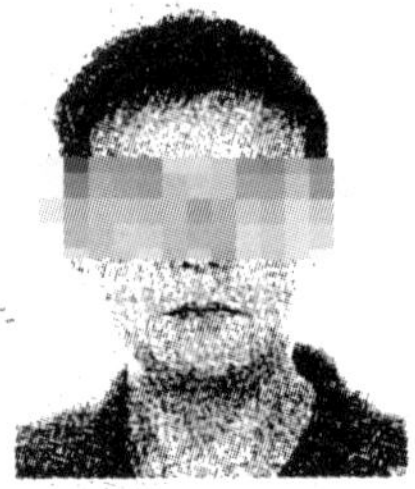

公民身份号码 511[redacted]

注明	原件复印
提供人	[redacted]
调查人	蒋[redacted]
时间	2016. 3. 1

四川[redacted]种业有限责任公司

5138001005874

中华人民共和国

居民身份证

签发机关 彭山县公安局

有效期限 2008.09.22-长期

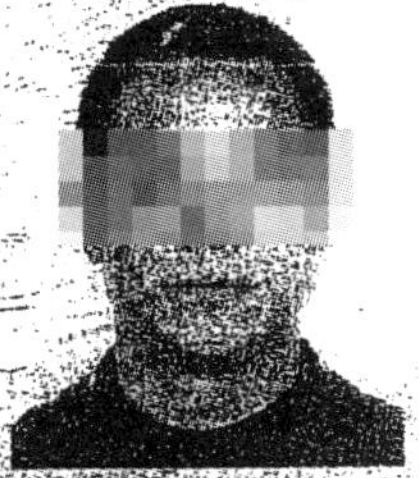

姓名 吴[redacted]

性别 男 民族 汉

出生 19[redacted]年[redacted]月[redacted]日

住址 四川省仁寿县[redacted]

公民身份号码 511[redacted]

此件复印无误

吴[redacted]

2016.2.2

[redacted]业有限责任公司

5138001005874

中华人民共和国

居民身份证

签发机关 仁寿县公安局

有效期限 2007.11.22-2027.11.22

注明	原件复印[redacted]
提供人	[redacted]
调查人	[redacted]
时间	2016.3.1

11

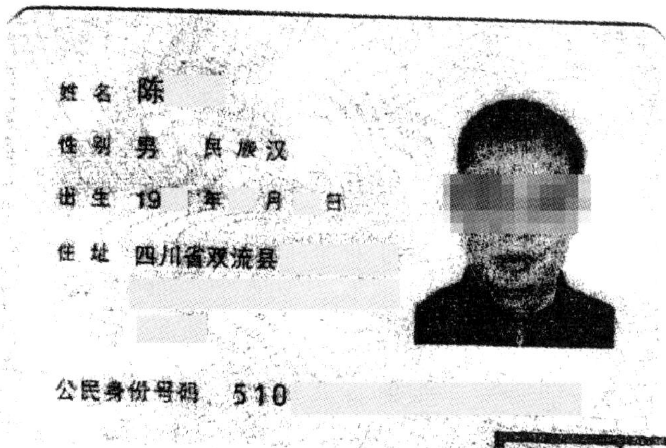
姓名 陈[redacted]
性别 男 民族 汉
出生 19[redacted]年[redacted]月[redacted]日
住址 四川省双流县[redacted]
公民身份号码 510[redacted]

注 明	原件复印
提供人	陈[redacted]
调查人	蒋[redacted]
时 间	2016. 3. 1

中华人民共和国
居民身份证
签发机关 双流县公安局
有效期限 2006.09.29-长期

12

委托书

眉山市东坡区农业综合执法大队：

兹委托吴[redacted]，身份证号码：511[redacted]，到贵单位办理公司水稻品种“冈优336”，品种真实性相关事宜。

特此委托

四川[redacted]种业有限责任公司
[redacted]16年2月29日

13

委托书

眉山市东坡区农业综合执法大队：

兹委托陈[redacted]，身份证号码：510[redacted]，到贵单位办理公司水稻品种“宜优99”，品种真实性相关事宜。

特此委托

四川[redacted]种业有限责任公司

[redacted]16年2月29日

14

营业执照

（副　本）

注册号 511[redacted]（1-1）

名　　称	四川[redacted]种业有限责任公司
类　　型	有限责任公司(自然人投资或控股)
住　　所	眉山市东坡区[redacted]
法定代表人	陈[redacted]
注册资本	叁仟万元人民币
成立日期	2003年09月16日
营业期限	2003年09月16日至长期
经营范围	生产、经营农作物种子(凭有效许可证经营)。

注　明	原件复印
提供人	陈[redacted]
调查人	[redacted]
时　间	2016.3.1

四川[redacted]种业有限责任公司

登记机关　四川省眉山市工商行政管理局

20[illegible]年07月[illegible]日

企业信用信息公示系统网址：http://gsxt.scaic.gov.cn

中华人民共和国国家工商行政管理总局监制

1

主要农作物种子生产许可证

B（川）农种生许字（2005）第　号

企业名称：四川　种业有限责任公司

住所：四川省眉山市东坡区

法定代表人：陈

注册资本：3000万元

作物种类：水稻

公告文号：

有效期至：二〇一七年六月九日

首次发证日期：2005-05-29

品种名称	审定编号	植物新品种权号	生产地点	授权生产截止日期
川农2优	滇审稻2009　号		四川省眉山市彭山县	2017-06-09
云优	滇审稻2009　号		四川省眉山市彭山县	2017-06-09
冈优	豫审稻2012		四川省眉山市彭山县	2016-10-31
丰大优	川审稻2008		四川省眉山市彭山县	2017-06-09
天优	国审稻2012		四川省眉山市彭山县	2015-12-31
Ⅱ优	川审稻2008		四川省眉山市彭山县	2017-06-09
Ⅱ优	赣审稻2008		四川省眉山市彭山县	2017-06-09
宜香	川审稻2005		四川省眉山市彭山县	2017-06-09
宜优99	闽审稻2007		四川省眉山市彭山县	2017-06-09
Ⅱ优	国审稻2000		四川省眉山市彭山县	2014-12-31
[illegible]长优	黔审稻2011　号		四川省眉山市彭山县	2017-06-09
D优	川审稻2003		四川省眉山市彭山县	2014-12-31
[illegible]优	川审稻　号		四川省眉山市彭山县	2014-12-31
[illegible]优336	川审稻　号		四川省眉山市彭山县	2014-12-31
[illegible]	豫审稻2007		四川省眉山市彭山县	2017-06-09
眉[illegible]	川审稻　号		四川省眉山市彭山县	2014-12-31
冈优	豫审稻2012		四川省眉山市彭山县	2017-06-09
Ⅱ优	豫审稻2009		四川省眉山市彭山[illegible]	2017-06-09
宜香	川审稻2004		四川省眉山市彭山[illegible]	2014-12-31
裕香	豫审稻2008		四川省眉山市彭山县	2017-06-09
裕优	滇特（文山）审稻2011　号		四川省眉山市彭山县	2017-06-09

当前第1页，共1页

发证机关（盖章）

二〇一四年六月十日

证明	原件复印 [redacted]
提供人	[redacted]
调查人	[redacted]
时间	2016.3.1

中华人民共和国农业部印制

农作物种子经营许可证

B（川　）农种经许字（2007　）第　　号

企业名称：四川　　种业有限责任公司

住所：四川省眉山市东坡区

法定代表人：陈

注册资本：3000万元

经营作物范围：水稻

经营方式：加工、包装、批发、零售

有效区域：四川省

公告文号：

变更记录：

有效期至：二〇一七年九月十二日

注明	[illegible]
提供人	[illegible]
调查人	[illegible]
时间	2016.3.1

首次发证日期：2007-9-12

发证机关（盖章）

二〇一二年九月五日

中华人民共和国农业部印制

询问笔录

询问时间： 2016 年 3 月 1 日 16 时 25 分至 17 时 20 分

询问地点： 眉山市东坡区农业局农业行政执法大队办公室

询问机关： 眉山市东坡区农业局

询 问 人： 徐[redacted]　　执法证件号： 川 Z01400[redacted]

蒋[redacted]　　川 Z01400[redacted]

记 录 人： 蒋[redacted]

被询问人： 姓名 吴[redacted]　　性别 男　　年龄 39 岁

身份证号 511[redacted]　　联系电话 133[redacted]

工作单位 四川[redacted]种业有限责任公司　职务 公司员工

住址 四川省仁寿县[redacted]

问：我们是眉山市东坡区农业局行政执法人员（出示执法证件），现依法向你进行询问调查。你应当如实回答我们的询问并协助调查，作伪证要承担法律责任，你听清楚了吗？

答：听清楚了。

问：你有申请执法人员回避的权利，需要执法人员回避吗？

答：不需要回避。

问：2016 年 2 月 25 日，我局收到《眉山市农业局关于依法查处 2015 年农作物种子监督检查不合格企业的通知》及相关材料，关于你公司生产的 “冈优 336” 水稻种子标签标注品种名称不真实一事，我们

被询问人签名或盖章：[redacted]

（第 1 页共 4 页）

笔录纸

现在向你进行调查，请你配合调查，如实说出你知道的事实，并提供相关的书证和物证，听明白了吗？

答：听明白了。

问：请如实说明你的身份，并提供你的居民身份证。

答：我是四川[redacted]种业有限责任公司员工，可以提供身份证复印件。

问：在农业部办公厅 2015 年农作物种子企业监督检查行动中，扦取的四川[redacted]种业有限责任公司生产经营的“冈优 336”种子样品经农业部农作物种子质量监督检验测试中心检验发现，该批次种子标签标注品种名称不真实。你是否认可上述结论？

答：认可[redacted]

问：四川[redacted]种业有限责任公司法定代表人是谁？

答：是陈[redacted]。

问：请提供你公司法定代表人居民身份证。

答：好的。

问：你和他是什么关系？

答：他是公司法定代表人，我是公司员工。

问：请你提供“冈优 336”水稻种子《主要农作物种子生产许可证》。

答：好的，可以。

被询问人签名或盖章：吴[redacted]

执法人员签名或盖章：蒋[redacted] 张[redacted]

（第 2 页共 4 页）

笔录纸

问：请你提供四川种业有限责任公司《农作物种子经营许可证》。

答：好的，可以。

问：请你提供四川种业有限责任公司《营业执照》。

答：好的。

问：该批次“冈优336” 水稻种子是否是你公司生产的？

答：是公司委托眉山市东坡区水稻专业合作社生产。

问：你公司是什么时间生产的“冈优336”水稻种子？

答：委托生产时间是2013年。

问：在哪里生产的？

答：是在眉山市东坡区生产的。

问：一共生产了多少？

答：一共生产了2500公斤。

问：有没有签订水稻种子生产合同？

答：有生产合同，给。

问：收购该批种子的价格是多少？

答：收购该批种子的价格是13.80元/公斤

问：请你提供入库凭证。

答：可以提供入库凭证。

被询问人签名或盖章：

执法人员签名或盖章：

（第3页共4页）

笔录纸

问：该批“冈优 336”水稻种子包装规格是什么样的？

答：编织袋定量包装 50kg/件。

问：该批“冈优 336”水稻种子是否销售？

答：未销售。

问：你还有其他需要说明的吗？

答：没有。

问：请你看一下以上笔录，是否和你说的一样？

答：一致 [redacted]

（以下空白）

被询问人签名或盖章：吴[redacted]

执法人员签名或盖章：[redacted]

（第 4 页共 4 页）

询问笔录

询问时间：　2016 年 3 月 1 日 15 时 30 分至 16 时 20 分

询问地点：　眉山市东坡区农业局农业行政执法大队办公室

询问机关：　眉山市东坡区农业局

询　问　人：　徐[redacted]　　　　执法证件号：川 Z01400[redacted]

　　　　　　蒋[redacted]　　　　执法证件号：川 Z01400[redacted]

记　录　人：　徐[redacted]

被询问人：　姓名 陈[redacted]　　　性别 男　　　年龄 63 岁

　　　　　　身份证号 510[redacted]　联系电话 152[redacted]

　　　　　　工作单位 四川[redacted]种业有限责任公司

　　　　　　职务 生产销售经理

　　　　　　住址 四川省双流县[redacted]

问：我们是眉山市东坡区农业局行政执法人员（出示执法证件），现依法向你进行询问调查。你应当如实回答我们的询问并协助调查，作伪证要承担法律责任，你听清楚了吗？

答：听清楚了。

问：你有申请执法人员回避的权利，需要执法人员回避吗？

答：不需要回避。

问：2016 年 2 月 25 日，我局收到《眉山市农业局关于依法查处 2015 年农作物种子监督检查不合格企业的通知》及相关材料，关于四川[redacted]

被询问人签名或盖章：[redacted]

（第 1 页共 6 页）

笔 录 纸

种业有限责任公司生产的 “宜优 99” 水稻种子标签标注品种名称不真实一事，我们现在向你进行调查，请你配合调查，如实说出你知道的事实，并提供相关的书证和物证，听明白了吗？

答：听明白了。

问：请说明你的身份，并提供你的居民身份证。

答：我叫陈　　，这是我的居民身份证。

问：四川　　种业有限责任公司法定代表人是谁？

答：陈　　。

问：请提供你公司法定代表人居民身份证。

答：好。

问：你和陈　　是什么关系？

答：我是四川　　种业有限责任公司的员工（董事）。

问：农业部办公厅 2015 年农作物种子企业监督检查行动中，扦取的四川　　种业有限责任公司生产经营的“宜优 99”种子样品经农业部农作物种子质量监督检验测试中心检验发现，该批次种子标签标注品种名称不真实。你对此检验结果有无异议？

答：有异议。

问：有何异议？

被询问人签名或盖章：

执法人员签名或盖章：

（第 2 页共 6 页）

笔 录 纸

答：该品种是福建省2008年审定，标准样品是在2011年春季交福建省种子站，该品种当时是由四川[redacted]种子有限公司生产经营，所交的标准样品与现在生产的该品种标准样品完全一样。育种者指定的标准样品也是交福建种子站的标准样品。该品种从参加福建省区试到多年的生产销售与交的标准样品都是一样，从来没有改变。该品种至始至终都由我亲自办理。现在我公司申请用福建省种子站自留的标准样品进行比对。

问：那你向农业部是否提交过有异议的申请？

答：提交过，但没有认可。

问：请你提供“宜优99”《主要农作物种子生产许可证》。

答：好的。

问:请你提供四川[redacted]种业有限责任公司《农作物种子经营许可证》。

答：好的。

问：请你提供四川[redacted]种业有限责任公司《营业执照》。

答：好的。

问：该批次“宜优99”水稻种子是否是你公司生产的？

答：是。

问：在哪里生产的？

询问人签名或盖章：[redacted]

执法人员签名或盖章：[redacted]

（第3页共6页）

笔 录 纸

答：是在广安市[redacted]生产的。

问：该批次水稻种子生产了多少？

答：实际收种数量是 7566 公斤，加工损耗 33 公斤，成品种子数量 7533 公斤。

问：该批次水稻种子的批次编号是多少？

答：2014009 号。

问：请你提供该批水稻种子生产合同。

答：好。

问：请你提供该批种子生产花名册及种子收购凭证。

答：好。

问：为什么你上面所述该批种子的生产数量与眉山市农业质量检测中心种子检验扦样单标注的种子批重数量不一致？

答：2014 年我公司计划制种面积是 80 亩，计划收种 1 万公斤左右，但实际收种时，制种户向公司只交了 7566 公斤，另外还有加工损耗的 33 公斤，该批种子批重数量应以公司的种子入库单数量为准。

问：你公司该批种子的收购价格是多少？

答：每公斤 13.6 元。

问：该批“宜优 99”水稻种子是用什么包装的？

被询问人签名或盖章：

执法人员签名或盖章：

（第 4 页共 6 页）

笔 录 纸

答：用麻袋包装的。

问：包装规格是多少？

答：每[redacted]公斤。

问：该批“宜优 99”水稻种子是否销售？

答：只销售了少部分。

问：销售到了何处？

答：福建[redacted]种业有限公司。

问：销售了多少？

答：销售了 163 公斤。

问：销售价格是多少？

答：每公斤 25 元。

问：请提供该批水稻种子销售凭证。

答：有公司销售种子的出库单和退回种子的入库单。

问：该批水稻种子现在库存多少？

答：7370 公斤。

问：请提供你公司该批种子收购入库凭证和销售出、入库凭证。

答：好的。

问：你还有其他需要补充说明的吗？

被询问人签名或盖章：

执法人员签名或盖章：

（第 5 页共 6 页）

答：没有了。

问：请你看一下以上笔录，是否和你说的一致？

答：一致属实[redacted]

（以下空白）

被询问人签名或盖章：陈[redacted]

执法人员签名或盖章：[redacted]

（第6页共6页）

27

现场检查（勘验）笔录

时间： 2016 年 2 月 28 日 14 时 39 分至 15 时 00 分

检查（勘验）地点：东坡区[redacted]种子仓库

当事人：四川[redacted]种业有限责任公司

检查（勘验）机关：眉山市东坡区农业局

检查（勘验）人员：徐[redacted]　　执法证件号：川 z0140[redacted]

蒋[redacted]　　川 z0140[redacted]

记录人：蒋[redacted]

现场检查（勘验）情况：2016 年 2 月 28 日，眉山市东坡区农业局执法大队周[redacted]、徐[redacted]、蒋[redacted]对当事人位于东坡区[redacted]四川[redacted]种业有限责任公司种子仓库进行现场检查。执法人员向当事人出示了执法证件后，同当事人共同勘验确认：种子仓库内四川[redacted]种业有限责任公司生产的杂交水稻种子冈优 336，批次编号：20130820，规格：50kg/袋，编织袋定额包装，共 50 袋合计 2500 公斤，堆放在仓库内的右边，执法人员现场对该批种子实行了就地保存并拍照取证。

（以下空白）

当事人签名或盖章：[redacted]（见证人签名或盖章：　　　　）

执法人员签名或盖章：[redacted]

（第 1 页共 1 页）

现场检查（勘验）笔录

时间：2016 年 2 月 28 日 16 时 00 分至 16 时 20 分

检查（勘验）地点：眉山市彭山区[redacted]种子仓库

当事人：四川[redacted]种业有限责任公司

检查（勘验）机关：眉山市东坡区农业局

检查（勘验）人员：徐[redacted]　　　执法证件号：川 z0140[redacted]

蒋[redacted]　　　川 z0140[redacted]

记录人：蒋[redacted]

现场检查（勘验）情况：2016 年 2 月 28 日，眉山市东坡区农业局执法大队周[redacted]、徐[redacted]、蒋[redacted]对当事人位于彭山区[redacted]四川[redacted]种业有限责任公司种子仓库进行现场检查。执法人员向当事人出示了执法证件后，同当事人共同勘验确认：种子仓库内四川[redacted]种业有限责任公司生产的杂交水稻种子宜优 99，批次编号：2014[redacted]，规格：55kg/袋，共 134 袋合计 7370 公斤，每袋种子麻袋包装，堆放在 10 号仓库内的右边，执法人员现场对该批种子实行了就地保存并拍照取证。

（以下空白）

当事人签名或盖章：[redacted]（见证人签名或盖章：　　　　）

执法人员签名或盖章：[redacted]

（第 1 页共 1 页）

现场勘验照片

注　明	现场拍摄，提取（东坡区[redacted]种子仓库）冈优336
提供人	吴[redacted]
调查人	蒋[redacted] 徐[redacted]
时　间	2016. 2. 28

30

现场勘验照片

注　明	现场拍摄 扣押(彭山区[redacted]种子仓库)宜优99
提供人	陈[redacted]
调查人	蒋[redacted]
时　间	2016. 2. 28

31

证据登记保存清单

当事人：四川[redacted]种业有限责任公司

时　间：2016年2月28日

地　点：眉山市东坡区[redacted]

因你（单位）涉嫌生产经营假种子，本机关依照《中华人民共和国行政处罚法》第三十七条第二款之规定对你（单位）在东坡区[redacted]种子仓库的下列物品：

☑就地保存，登记保存期间，你（单位）不得使用、销售、转移、损毁、隐匿；

☒异地保存于＿＿＿＿＿＿＿＿。

序号	物品名称	规格	生产日期（批号）	生产单位	数量
01	宜优336	50kg/袋	20130820	四川[redacted]种业有限责任公司	50袋

执法人员：[redacted]　执法证件号：川201400[redacted]

[redacted]　川20140[redacted]

眉山市东坡区农业局

2016年2月28日

当事人签名或盖章：吴[redacted]

证据登记保存清单

当事人：四川[redacted]种业有限责任公司

时　间：2016年2月28日

地　点：眉山市彭山区[redacted]

因你（单位）涉嫌生产经营假种子，本机关依照《中华人民共和国行政处罚法》第三十七条第二款之规定对你（单位）在彭山区[redacted]四川[redacted]种业公司种子仓库的下列物品：

☑就地保存，登记保存期间，你（单位）不得使用、销售、转移、损毁、隐匿；

☒异地保存于＿＿＿＿＿＿＿＿。

序号	物品名称	规格	生产日期（批号）	生产单位	数量
001	宜优99	55斤/袋	2014009	四川[redacted]种业有限责任公司	134袋

执法人员：[redacted]　　执法证件号：川20140[redacted]

[redacted]　　川2014[redacted]

眉山市东坡区农业局

（印章：眉山市东坡区农业局 5138215004692）

2016年2月28日

当事人签名或盖章：陈[redacted]

登记保存物品处理通知书

四川[redacted]种业有限责任公司：

依据《中华人民共和国种子法》、《农业行政处罚程序规定》等相关法律法规规定。本机关对2016年2月28日在你公司种子仓库就地登记保存的“宜优99”水稻种子，包装规格：55公斤/袋，数量：134袋；“冈优336”水稻种子，包装规格：50公斤/袋，数量：50袋，将依法予以没收，待本案行政处罚决定书下达后执行。

眉山市东坡区农业局

2016年3月4日

眉山市农业局

眉市农函〔2016〕12号

眉山市农业局
关于依法查处2015年农作物种子监督检查不合格企业的通知

东坡区农业局：

现将四川省农业厅《关于依法查处2015年农作物种子监督检查不合格企业的通知》（川农业函〔2016〕69号）转发给你们。请对在2015年农业部组织的农作物种子企业监督检查行动中，发现你区[redacted]种业有限公司生产的宜优99、冈优336种子品种真实性不合格情况，及时开展调查，依法处理，并将处理结果报市农业局。

联系部门：市农业行政执法支队

电　　话：381[redacted]

邮　　箱：857[redacted]@qq.com

眉山市农业局

2016年2月24日

35

四川省农业厅

川农业函[2016]69号

关于依法查处2015年农作物种子监督检查不合格企业的通知

绵阳、眉山、自贡市农业局，成都市农委：

根据《农业部办公厅关于2015年农作物种子企业监督检查有关情况的通报》(农办种[2015]24号)，在农业部组织的2015年农作物种子企业监督检查行动中，发现你市部分企业生产经营的种子品种真实性不合格。现将有关证据材料转送你局(委)，请依法及时查处，并将处理结果书面反馈我厅。

联系部门：省种子站

电　　话：028—855

传　　真：028—855

邮　箱：sc @sohu.com

附件：抽查不合格企业名单及相关材料

四川省农业厅

2016年2月2日

扦样问询笔录

扦样地点：彭山县[redacted]种业仓库

扦样时间：2015年1月13日下午2时

被询问人姓名：尹[redacted]

被询问人职务：经理

被询问人工作单位：四川[redacted]种业有限责任公司

询问人：王[redacted]

记录人：王[redacted]

询问人：我们按照“农业部办公厅关于2015年农作物种子企业监督检查行动的通知（农办种〔2015〕1号）”的要求，需对你公司生产经营的种子扦取样品进行净度、发芽率、纯度、水分和品种真实性等项目检测，这是《种子质量监督抽查通知书》和我们的扦样员证件，请你确认。

被询问人：是

询问人：你公司今年生产经营的水稻、玉米品种及数量？

被询问人：2015年生产的水稻品种有："蓉优[redacted]"10万公斤、"丰大优[redacted]"6万公斤、"云优[redacted]"10万公斤、"川农1优[redacted]"1.6万公斤，以上品种均已发往福建云南等地，属代制产品。"宜优99"生产1万公斤、宜香[redacted]生产5000公斤、Ⅱ优[redacted]生产15万公斤。其余许可证上品种201~~[illegible]~~未生产。"冈优188"2014年未生产，但有2013年生产存货2500公斤询问人：生产经营的种子是否已完成加工包装？

被询问人：还有部分没有加工包装完毕。加工包的也大部送到营业网点。

询问人：现对你公司生产经营并已经加工包装好的待销售的种子进行随机取样，对我们的扦样工作和过程有无异议？

被询问人：无异议。

询问人：以上笔录请确认无误后签字（盖章）确认。

四川[redacted]种业有限责任公司

被询问人：（签字盖章或手印）[redacted]

询 问 人：（签字盖章或手印）[redacted]

2015年1月19日

种子检验扦样单

（川） NO：0024[redacted]

（眉山） 种检字（2015）第 09 号

受检单位	名　　称	四川[redacted]种业有限责任公司		电　　话	8580[redacted]
	地　　址	东坡区[redacted]		邮　　编	62[redacted]
作物名称	水稻	品种（组合）名　　称	冈优316	生产年度	2014年
生产单位	[redacted]种业	生产地点	彭山	扦样地点	东坡[redacted]
种子批号		种子批重（kg）	2500	包装及其件　　数	62件
样品编号	MS20[redacted]	样品重量（g）	1200g	扦样方式	随机
自报质量	纯度≥96.0%　净度≥98.0%　发芽率≥80%　水分≤13.0%		注册商标或标识		
种子批化学处理说明			检验依据	NY/T 1433-2014　GB/T 3543.3-6-1995	
检验项目	水分、纯度、净度、发芽率、真实性		判定依据	GB 20464-2006　NY/T 1433-2014	
备　　注					
受检单位法人代表：陈[redacted]			扦样员：王[redacted]、张[redacted]		
受检单位公章：			扦样单位公章：		

本单一式两份：一份扦样单位存留；另一份被扦单位存留。

监督检验一式三份：一份扦样单位存留；一份被扦单位存留；另一份送地方技术监督部门。

扦样日期：2015 年 1 月 20 日

39

种子检验扦样单

（川） NO：0024[redacted]

（眉农）种检字（2015）第 6 号

受检单位	名　称	四川[redacted]种业有限责任公司		电　话	028-8580[redacted]
	地　址	[redacted]		邮　编	62[redacted]
作物名称	水稻	品种（组合）名　称	宜优99	生产年度	2014
生产单位	四川[redacted]种业有限责任公司	生产地点	彭山	扦样地点	[redacted]
种子批号		种子批重（kg）	1万	包装及其件数	125件
样品编号	MS20[redacted]	样品重量（g）	1200	扦样方式	随机
自报质量	纯度≥96.0%；净度≥98.0%；发芽≥80%；水分≤13.0%			注册商标或标识	[redacted]
种子批化学处理说明	无			检验依据	NY/T 1433-2014 GB/T 3543.3-6-1995
检验项目	水分、纯度、净度、发芽、真实性			判定依据	GB 20464-2006 NY/T 1433-2014
备　注					
受检单位法人代表：[redacted]			扦样员：[redacted]		
受检单位公章：			扦样单位公章：		

本单一式两份：一份扦样单位存留；另一份被扦单位存留。

监督检验一式三份：一份扦样单位存留；一份被扦单位存留；另一份送地方技术监督部门。

扦样日期：2015年 1 月 19日

40

（2015）农种检报字第 0026 号

检　验　报　告

作物种类：水稻种子

样品名称：冈优 336

受(送)检单位：四川　　种业有限责任公司

检验类别：监督检验

农业部农作物种子质量监督检验测试中心（深圳）

注 意 事 项

1. 检验报告无“检验报告专用章”或检验单位公章无效。
2. 复制检验报告未重新加盖“检验报告专用章”或检验单位公章无效。
3. 检验报告无制表、审核、批准人签字无效。
4. 检验报告涂改无效。
5. 对检验报告若有异议，应于收到报告之日起十五日内向本检验单位提出，否则视为认可。
6. 一般情况，委托检验结果仅代表送检样品。
7. 检验结果容许误差仅适用于监督检验或委托方要求的情况。
8. 采用容许误差对检验结果进行“符合”判定时，符合项存在达不到规定质量要求的可能，应当确认合格后投入使用。
9. 未经本检验机构同意，本报告不得用于商业性宣传。

地址：深圳市福田区[redacted] 邮政编码：51[redacted]

电话：0755-8340[redacted]，8340[redacted] 传真：0755-8340[redacted]

42

农业部农作物种子质量监督检验测试中心（深圳）

检 验 报 告

（2015）农种检报字第 0026 号　　　　　　　　　　　　　　　　共 2 页第 1 页

作物种类	水稻种子	种子类别	—
样品名称	冈优 336	样品等级、状态	—
样品重量(g)	—	型号规格	—
种子批号	—	代表数量（kg）	—
商　标	—	检验类别	监督检验
扦样单位	眉山市农业质量检测中心	扦样单编号	ms201509
扦样地点	—	扦(送)样者	—
受（送）检单位	四川[redacted]种业有限责任公司	扦(送)样日期	—
生产单位	四川[redacted]种业有限责任公司	原编号或生产日期	—
检验项目	品种真实性 SSR 分子检测		
检验依据	《水稻品种鉴定 DNA 指纹方法》（NY/T 1433-2014）		
所用主要仪器	磁珠纯化系统（163）、自动分液器（213）、全波长酶标读数仪（147）、自动移液工作站（214）、黑金刚 PCR 仪（168、169）、博日基因扩增仪（219、220、221、227、233、234、235、236、）、PCR 仪（029）、梯度 PCR 仪（054）、毛细管电泳仪(254)	实验环境条件	符合实验要求
检验结论	该种子样品与标准样品相比，均检测 48 个位点，检出 10 个差异位点，判定该批次种子标签标注品种名称不真实。 签发日期 2015 年 7 月 2 日 （盖 章）		
备注	1、标准样品来源：农业部征集； 2、样品相关信息详见扦样单。		

批准：[redacted]　　　　审核：[redacted]　　　　制表：[redacted]

2015 年 7 月 2 日　　　　2015 年 7 月 2 日　　　　2015 年 7 月 2 日

农业部农作物种子质量监督检验测试中心（深圳）

检验结果报告

（2015）农种检报字第 0026 号　　　　　　　　共 2 页 第 2 页

样品编号	样品名称	标准样品名称	待测样品与标准样品比较		结 果
			检测引物数量	差异位点数量	
SJ150412	闲优 336	闲优 336 （S1A01875）	48	10	不同品种

44

（2015）农种检报字第 0029 号

检 验 报 告

作物种类：水稻种子

样品名称：宜优 99

受(送)检单位：四川[redacted]种业有限责任公司

检验类别：监督检验

农业部农作物种子质量监督检验测试中心（深圳）

注 意 事 项

1. 检验报告无“检验报告专用章”或检验单位公章无效。
2. 复制检验报告未重新加盖“检验报告专用章”或检验单位公章无效。
3. 检验报告无制表、审核、批准人签字无效。
4. 检验报告涂改无效。
5. 对检验报告若有异议，应于收到报告之日起十五日内向本检验单位提出，否则视为认可。
6. 一般情况，委托检验结果仅代表送检样品。
7. 检验结果容许误差仅适用于监督检验或委托方要求的情况。
8. 采用容许误差对检验结果进行“符合”判定时，符合项存在达不到规定质量要求的可能，应当确认合格后投入使用。
9. 未经本检验机构同意，本报告不得用于商业性宣传。

地址：深圳市福田区　　邮政编码：51

电话：0755-8340　，8340　　传真：0755-8340

46

农业部农作物种子质量监督检验测试中心（深圳）

检　验　报　告

（2015）农种检报字第 0029 号　　　　　　　　　　　　　　　　　　　共 2 页第 1 页

作物种类	水稻种子	种子类别	—
样品名称	宜优 99	样品等级、状态	—
样品重量(g)	—	型号规格	—
种子批号	—	代表数量（kg）	—
商　标	—	检验类别	监督检验
扦样单位	眉山市农业质量检测中心	扦样单编号	ms201506
扦样地点	—	扦(送)样者	—
受（送）检单位	四川[redacted]种业有限责任公司	扦(送)样日期	—
生产单位	四川[redacted]种业有限责任公司	原编号或生产日期	—
检验项目	品种真实性 SSR 分子检测		
检验依据	《水稻品种鉴定 DNA 指纹方法》（NY/T 1433-2014）		
所用主要仪器	磁珠纯化系统（163）、自动分液器（213）、全波长酶标读数仪（147）、自动移液工作站（214）、黑金刚 PCR 仪（168、169）、博日基因扩增仪（219、220、221、227、233、234、235、236、）、PCR 仪（029）、梯度 PCR 仪（054）、毛细管电泳仪(254)、	实验环境条件	符合实验要求
检验结论	该种子样品与标准样品相比，均检测 48 个位点，检出 8 个差异位点，判定该批次种子标签标注品种名称不真实。 签发日期 2015 年 7 月 2 日 （盖章）		
备注	1、标准样品来源：农业部征集； 2、样品相关信息详见扦样单。		

批准：[redacted]　　　　审核：[redacted]　　　　制表：[redacted]

2015 年 7 月 2 日　　　　2015 年 7 月 2 日　　　　2015 年 7 月 2 日

47

农业部农作物种子质量监督检验测试中心（深圳）

检验结果报告

（2015）农种检报字第 0029 号　　　　　　　　　　　　　　　　共 2 页 第 2 页

样品编号	样品名称	标准样品名称	待测样品与标准样品比较		结 果
			检测引物数量	差异位点数量	
SJ150409	宜优 99	宜优 99（S1A01220）	48	8	不同品种

品种真实性检测结果通知单

编号：(深) 2015[redacted]

四川[redacted]种业有限责任公司：

按照《农业部办公厅关于开展2015年农作物种子企业监督检查行动的通知》（农办种〔2015〕1号）有关要求，眉山市农业质量检测中心在你公司扦取了标称为你单位生产，扦样单编号为ms201509的冈优336水稻种子样品。该样品经我单位采用SSR方法检测，并与农业部征集的该样品的水稻种子标准样品比较，判定标注的品种名称不真实。

现将检测结果通知你单位，收到本通知后，请务必填写附件的确认回执单并立即传真我单位，同时邮寄原件。

若对上述检测结果有异议，除填写确认回执单外，请在收到本通知单5日内以传真形式向农业部种子管理局（传真号码：010-5919[redacted]）提出书面报告并附相关说明材料，同时传真我单位。相关文本原件同时寄送我单位，由我单位转交农业部种子管理局。逾期未提出书面异议的，或提出书面异议但未附相关说明材料的，视为你单位认可上述检测结果。

我单位联系方式如下：

1、地址邮编：深圳市福田区[redacted]，邮编51[redacted]

2、联 系 人：刘[redacted]

3、联系电话：0755－8340[redacted]

4、传真：0755－8340[redacted]

附件：确认回执单

农业部农作物种子质量监督检验测试中心（深圳）

2015年4月10日

发送方式：□传真/□邮寄/□其他

49

确认回执单

编号：（深）2015037

农业部农作物种子质量监督检验测试中心（深圳）：

由你单位邮寄我单位的《品种真实性检测结果通知单》收悉。该冈优336 水稻种子扦样单编号为ms201509。我单位

□对检测结果无异议。

□对检测结果有异议，我单位向农业部种子管理局提出申诉。

联 系 人：

联系电话：

（单位公章）

年 月 日

50

检测结果通知书现场领取记录表

通知书编号	（深）2015037
品种名称	冈优336
领取单位 （加盖公章）	四川[redacted]种业有限责任公司
领取人签字	李[redacted]（158[redacted]）
领取人职务	
领取人身份证号	511[redacted]
领取时间、地点	2015年5月5日 成都
发放单位	四川省种子站
发放人签字	李[redacted]
发放人职务	
备注	

51

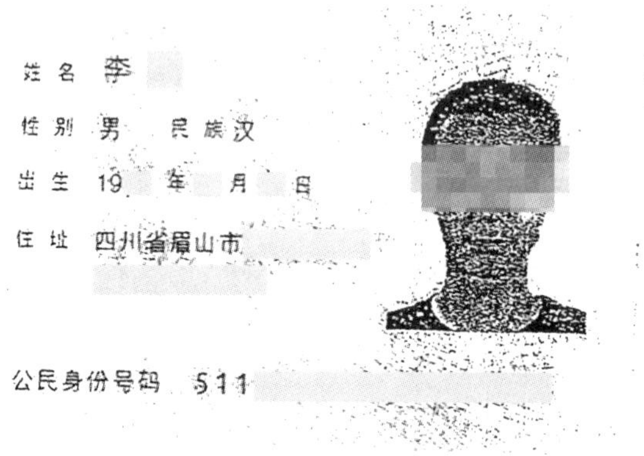
姓名 李[redacted]
性别 男 民族 汉
出生 19[redacted]年[redacted]月[redacted]日
住址 四川省眉山市[redacted]
公民身份号码 511[redacted]

中华人民共和国
居民身份证
签发机关 眉山市公安局[redacted]分局
有效期限 2007.09.28-2017.09.28

介绍信

四川省种子管理站：

现委托我单位职工 李[redacted]（身份证号：511[redacted]）前往贵站办理相关事宜。

单位（公章）

2015 年 5 月 22 日

2015年冬季企业抽查不合格品种通知单领取记录

企业名称：四川　　种业有限责任公司

品种名称：冈优336　　　　　　不合格项目：真实性

1、扦样单：	有✓	无
2、询问笔录：	有✓	无
3、生产商确认函：	有	无
4、生产商确认函回执：	有	无
5、不合格结果通知书：	有	无
6、不合格结果通知书回执：	有✓	无

5422

品种真实性检测结果通知单

编号：(深)2015050

四川[redacted]种业有限责任公司：

按照《农业部办公厅关于开展 2015 年农作物种子企业监督检查行动的通知》（农办种〔2015〕1 号）有关要求，眉山市农业质量检测中心在你公司扦取了标称为你单位生产，扦样单编号为 ms201506 的宜优 99 水稻种子样品。该样品经我单位采用 SSR 方法检测，并与农业部征集的该样品的水稻种子标准样品比较，判定标注的品种名称不真实。

现将检测结果通知你单位，收到本通知后，请务必填写附件的确认回执单并立即传真我单位，同时邮寄原件。

若对上述检测结果有异议，除填写确认回执单外，请在收到本通知单 5 日内以传真形式向农业部种子管理局（传真号码：010-5919[redacted]）提出书面报告并附相关说明材料，同时传真我单位。相关文本原件同时寄送我单位，由我单位转交农业部种子管理局。逾期未提出书面异议的，或提出书面异议但未附相关说明材料的，视为你单位认可上述检测结果。

我单位联系方式如下：

1、地址邮编：深圳市福田区[redacted]，邮编 51[redacted]

2、联 系 人：刘[redacted]

3、联系电话：0755－8340[redacted]

4、传真：0755－8340[redacted]

附件：确认回执单

农业部农作物种子质量监督检验测试中心（深圳）

2015 年 5 月 19 日

发送方式：☐传真/☐邮寄/☐其他

55

检测结果通知书现场领取记录表

通知书编号	(深)2015050
品种名称	宜优99
领取单位（加盖公章）	[redacted]种业有限公司
领取人签字	李[redacted] (158[redacted])
领取人职务	
领取人身份证号	511[redacted]
领取时间、地点	2015年5月23日 成都
发放单位	四川省种子站
发放人签字	高[redacted]
发放人职务	
备注	

56

2015 年农作物种子企业监督检查行动
异议答复单现场领取记录表

答复单编号	农种复〔2015〕40号
品种名称	宜优99
领取单位 （加盖公章）	
领取人签字	陈[redacted] 152[redacted]
领取人职务	
领取人身份证号	510[redacted]
领取时间、地点	2015.6.26
发放单位	四川省种子站
发放人签字	高[redacted]
发放人职务	
备注	

说明：1. 请分别正确填写答复单编号及品种名称。
　　　2. 现场领取请留存领取人身份证复印件。

57

收 条

收到审定答复意见单，农种复[2015]40号

陈[redacted]

2015年6月26日

四川[redacted]种业有限责任公司

58

农 业 部 种 子 管 理 局

农种复〔2015〕40号

种子质量监督抽查结果异议答复意见单

四川 种业有限责任公司：

你单位关于宜优99种子样品（编号：SC131）在2014年农业监督检查中的真实性检测结果的异议收悉。

答复意见：你公司未提供充分证据，异议不成立。

此复。

联系人：种子局市场监管处

电　话：010-5919

传　真：010-5919

邮　箱：zzjs @agri.gov.cn

农业部种子管理局

2015年6月12日

关于水稻品种冈优336的生产、市场情况报告

眉山市东坡区农业局：

冈优336（冈[redacted]裕恢[redacted]）系原眉山[redacted]与四川[redacted]水稻研究所联合选育的杂交水稻品种。品种审定编号：川审稻[redacted]号。品种农作物生产许可证：B（川）农种生许字（2005）第[redacted]号，农作物种子经营许可证：B（川）农种经许字（2007）第[redacted]号。该品种为四川[redacted]种业有限责任公司所有。

2013年1月20日，四川[redacted]种业有限责任公司委托眉山市东坡区[redacted]水稻专业合作社制种生产。3月20日眉山市东坡区[redacted]专业合作社在东坡区[redacted]安排生产，并与该组王[redacted]等8人签定种子生产合同，计划面积20亩，实际面积18.8亩，预计生产种子2700公斤。8月27日种子入库，实收种子2500公斤。

由于农业生产受季节限制，种业公司种子生产在前，销售在后。2013年至2015年连续几年种子销售严重萎缩，加之冈优336审定时间又较长，市场上新品种不断上市，挤压大部分冈优市场，造成公司生产冈优336种子无法销售。

公司据据当年种子销售市场的实际情况，决定不再销售冈优336。将该批种子置放在东坡区[redacted]种子仓库。种子批号：20130820，数量：2500公斤。

最后，我公司郑重承诺遵守相关法律、法规，自愿接受相关部门的监督和检查。

注明	冈优336生产市场情况
提供人	吴[redacted]
调查人	[redacted]
时间	2016.3.1

四川[redacted]种业有限责任公司

2016年2月[illegible]日

60

关于“宜优 99”2014 至 2015 年度生产、收购及经营等情况的说明

眉山市东坡区农业局：

“宜优 99”2014 至 2015 年度的生产、收购及经营等情况，现说明如下：

一、四川[redacted]种业有限责任公司的营业执照及生产、经营许可证，见附件 1、2、3 页。

二、种子生产和收购数量情况。种子生产基地安排在广安市[redacted]内，公司委托制种专业人员汤[redacted]负责落实制种面积、进行技术指导及共同收购种子。于 2014 年元月 15 日签订委托合同，制种面积 80 亩，收购价格每公斤 13.6 元，收交数量 10000 公斤，见附件 4、5、6 页。实际收种数量 7566 公斤，见入库单、收种统计表和分户入库单，见附件 7、8、9、10、11 页。其中，成品种子数量 7533 公斤，加工损耗 33 公斤。

三、种子销售情况。2015 年元月 2 日发福建[redacted]种业共计 5000 公斤，批发价格经双方电话协商后确定为每公斤 25 元。由于 2014 年制种产量低，亲本纯度不太高，2015 年 3 月 10 日左右经海南冬季鉴定，告知田间纯度结果差，与福建[redacted]种业做的纯度基因鉴定结果相似。所以，公司决定通知经销商将“宜优 99”种子全部收种退回，于 2015 年 5 月 20 日收到入库数量 4837 公斤，另有 163 公斤种子无法收回，见附件 12、13 页。

特此说明。

四川[redacted]种业有限责任公司

2016 年 2 月 29 日

宜优99 2014-2015年生产经营情况

[redacted]

2016.3.1

61

证　据　提　取　单

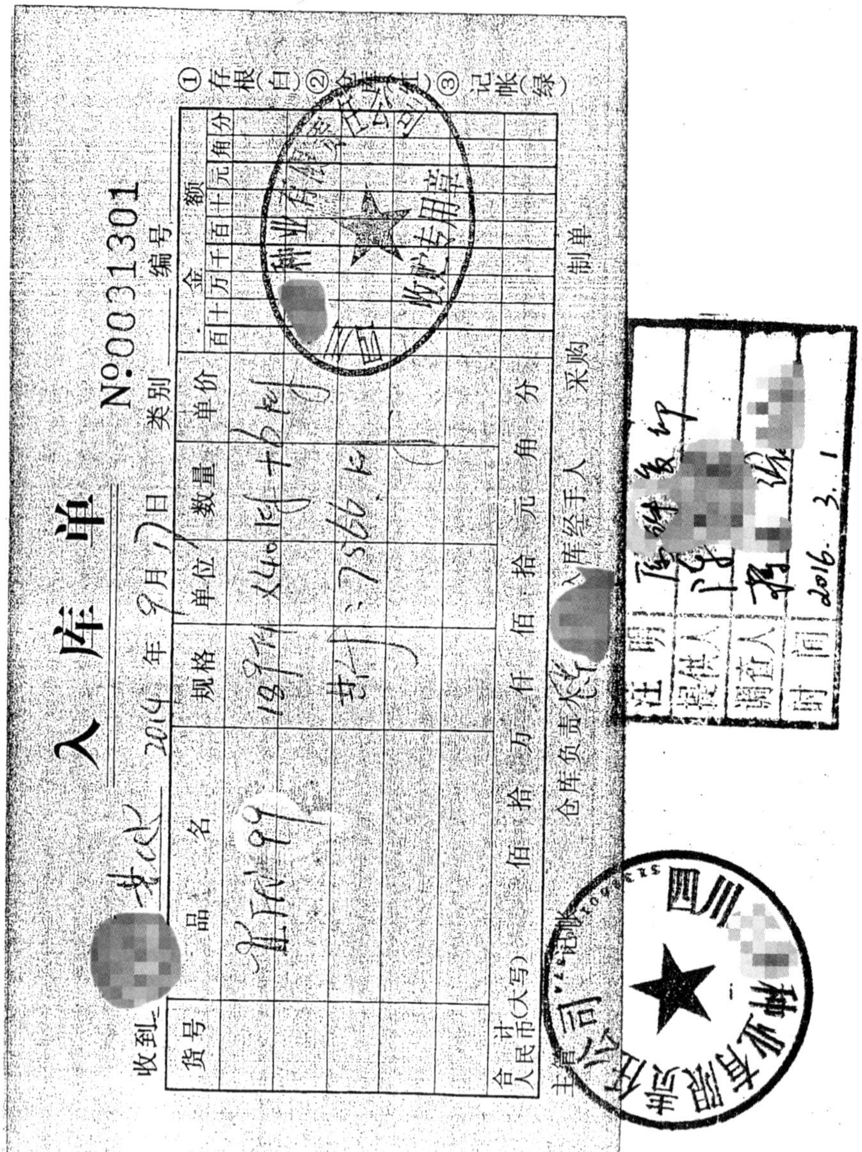

入库单

No.0031301

收到 2014 年 9月17日

类别　　编号

货号	品名	规格	单位	数量	单价	金额 百 十 万 千 百 十 元 角 分

合计人民币(大写)　佰　拾　万　仟　佰　拾　元　角　分

主管　仓库负责人　入库经手人　采购　制单

①存根(白)　②仓库(红)　③记帐(绿)

注明	
提供人	
调查人	
时间	2016.3.1

7

证　据　提　取　单

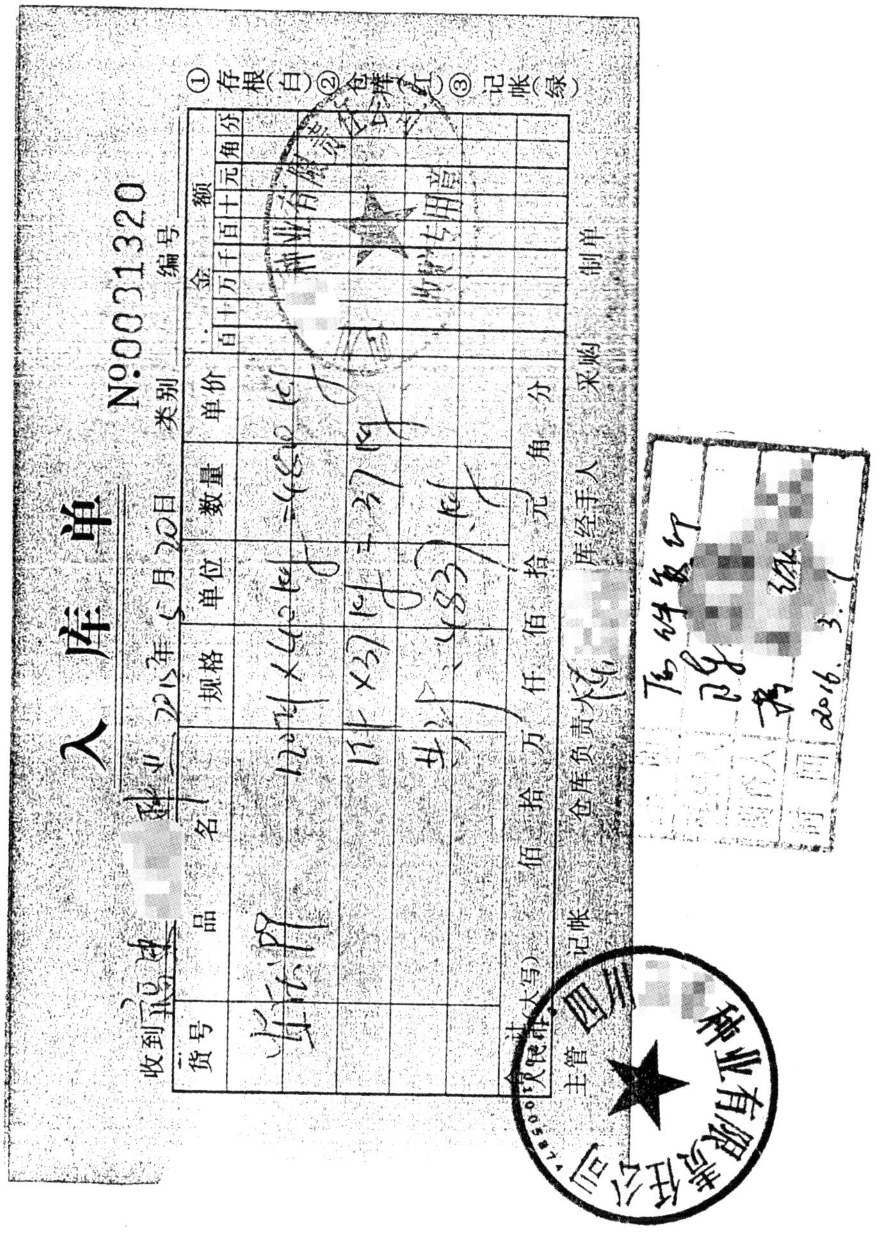
入库单

No.00031320

收到　　2015年5月20日　　类别　　编号

①存根(白) ②仓库(红) ③记账(绿)

货号	品名	规格	单位	数量	单价	金额
						百十万千百十元角分

合计(大写)　佰　拾　万　仟　佰　拾　元　角　分

主管　记账　仓库负责人　库经手人　采购　制单

63

证　据　提　取　单

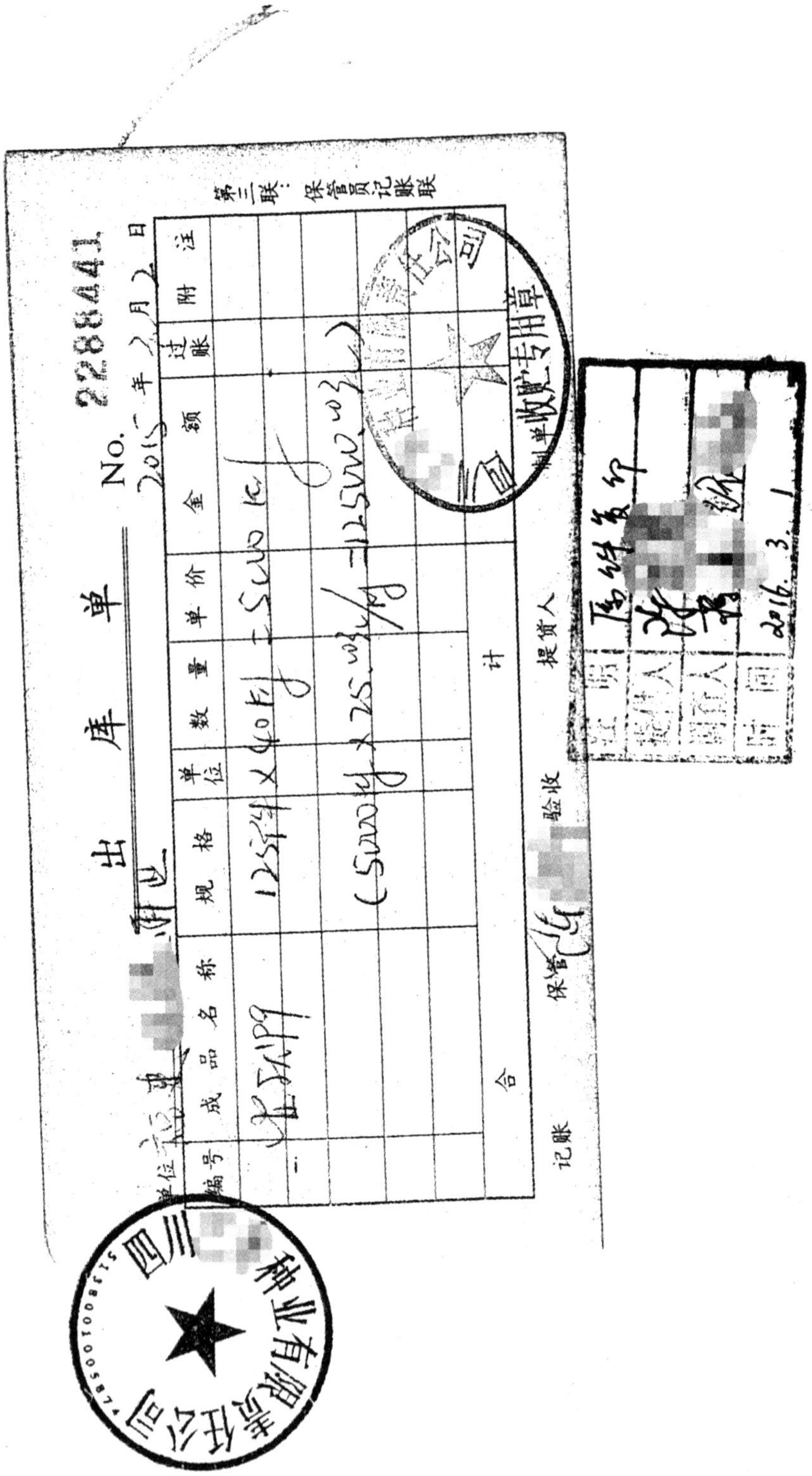

出　库　单

单位 [redacted]

No. 2288441

2015年2月2日

第三联：保管员记账联

编号	成品名称	规格	单位	数量	单价	金额	过账	附注
1								
合					计			

记账　　保管　　验收 [redacted]　　提货人

证明	
提供人	[redacted]
调查人	[redacted]
时间	2016.3.1

12

证　据　提　取　单

入　库　单

№ 0029003

入库部门 [redacted]. 吴[redacted]. 2013年 8 月 27 日

通知单号	编号	种类	名称	规格	数量 送缴	数量 实收	单位	单价	成本总额 百	十	万	千	百	十	元	角	分	明细帐 号	页
			网纹336.			420													
						420													
备注 高价肆拾伍斤.							合计												

三 记 帐

（印章：眉山市东坡区[redacted]水产专业合作社）

负责人　　记帐　　验收 徐　　填单 石

注明	入库单存根
提供人	[redacted]
调查人	[redacted]
时间	2016.3.16

入　库　单

№ 0029002

入库部门 [redacted]. 王[redacted]. 2013年 8 月 27 日

通知单号	编号	种类	名称	规格	数量 送缴	数量 实收	单位	单价	成本总额 百	十	万	千	百	十	元	角	分	明细帐 号	页
			网纹336			263													
						263													
备注 贰佰陆叁斤.							合计												

三 记 帐

（印章：眉山市东坡区[redacted]水产专业合作社）

负责人　　记帐　　验收 徐　　填单 石

65

证 据 提 取 单

入 库 单

№ 0029005

入库部门 [redacted] 2013 年 8 月 27 日

通知单号	编号	种类	名称	规格	数量		单位	单价	成本总额									明细帐	
					送缴	实收			百	十	万	千	百	十	元	角	分	号	页
			闵依336			288													
						288													
备注	武侗梅|桧杨|公斤						合计												

三记帐

（印章：眉山市东坡区[redacted]水稻专业合作社）

负责人　　记帐　　验收　　填单

注明	入库单原件
提供人	[redacted]
调查人	[redacted]
时间	2016.2.1

入 库 单

№ 0029004

入库部门 [redacted] 2013 年 8 月 27 日

通知单号	编号	种类	名称	规格	数量		单位	单价	成本总额									明细帐	
					送缴	实收			百	十	万	千	百	十	元	角	分	号	页
			闵依336			180													
						180													
备注	李侗梅|桧公斤						合计												

三记帐

（印章：眉山市东坡区[redacted]水稻专业合作社）

负责人　　记帐　　验收 [illegible]　　填单 何

证　据　提　取　单

66

入　库　单

№ 0029007

入库部门 [redacted] 王[redacted].　2013年 8 月 27 日

通知单号	编号	种类	名称	规格	数量 送缴	数量 实收	单位	单价	成本总额 百	十	万	千	百	十	元	角	分	明细帐 号	页
			闵秋336.			290													
						290													
备注 成品验收合格							合计												

三 记帐

（印章：眉山市东坡区[redacted]水稻专业合作社）

负责人　　记帐　　验收　　填单

注明	闵秋336入库单附件
提供人	[redacted]
调查人	龚[redacted]
时间	2016.3

入　库　单

№ 0029008

入库部门 [redacted] 李[redacted].　2013年 8 月 27 日

通知单号	编号	种类	名称	规格	数量 送缴	数量 实收	单位	单价	成本总额 百	十	万	千	百	十	元	角	分	明细帐 号	页
			闵秋336.			111													
						111													
备注 成品验收合格							合计												

三 记帐

（印章：眉山市东坡区[redacted]水稻专业合作社）

负责人　　记帐　　验收　　填单

证 据 提 取 单

67

入 库 单

№ 0030757

[redacted] 交 仓库/工场　　2013年8月27日　　收 厂商号/门市部

编号	成品名称	单位	规格	数量	单价	金额 十	万	千	百	十	元	角	分	附注
	冈优336			425										
肆佰贰拾伍斤														
合计（大写）	佰 拾 万 仟 佰 拾 元 角 分					¥								

记帐　　保管 徐　　制单 何

第一联存根（黑）第二联仓库（红）第三联交会计（绿）

眉山市东坡区[redacted]水稻专业合作社

证明	
收货人	[redacted]
提供人	[redacted]
调查人	[redacted]
时间	2016.3.[redacted]

入 库 单

[redacted] 交 仓库/工场　　2013年8月27日　　收 厂商号/门市部

编号	成品名称	单位	规格	数量	单价	金额 十	万	千	百	十	元	角	分	附注
	冈优316			463										
肆佰陆拾叁斤														
合计（大写）	佰 拾 万 仟 佰 拾 元 角 分					¥								

记帐　　保管 徐　　制单 何　　收货人

第一联存根（黑）第二联仓库（红）第三联交会计（绿）

眉山市东坡区[redacted]水稻专业合作社 5113800500162

证　据　提　取　单

收条

今收到眉山市东坡区[redacted]水稻专业合作社制种种子数量2500.斤×13.80.元=34500.00元（叁万肆仟伍佰元整）

领款人：[redacted]王[redacted]

2013年10月26日。

注　明	冈优336种子款收条复印件
提供人	[redacted]
调查人	蒋[redacted] [redacted]
时　间	2016. 3. 1

赢信® YINGXIN 文化纸品

证 据 提 取 单

领条

收到四川[redacted]种子有限公司陈[redacted]种款

计人民币：7566公斤×13.60元/公斤=102897.60元

大写：壹拾万零贰仟捌佰玖拾柒元整（现款）

此据：收款人谭[redacted]

2014年11月5日

注明	陈[redacted]交给
提供人	陈[redacted]
审查人	高[redacted]
[illegible]	2016.3.1

四川[redacted]种业有限责任公司

成都长荣印务有限公司文化用品厂印制

第　　页

11

70

杂交水稻种子委托代管生产责任合同

委托方：四川　　种业有限责任公司　　　　　　　　（以下简称甲方）

受委托方：汤　　　　　　　　　　　　　　　　　（以下简称乙方）

2014 年甲方委托乙方进行杂交水稻制种，根据《中华人民共和国合同法》(以下简称《合同法》)和《中华人民共和国种子法》(以下简称《种子法》)及《四川省种子管理条例》等法律法规的有关规定，为明确双方的责任和义务，保证委托代管生产的种子质量和数量达到以下约定的标准，甲方与乙方协商的生产合同条款，签定如下合同：

一、代管生产的杂交水稻种子品种、面积、价格及质量指标

品种名称	面积（亩）	种子价格(元/公斤)	备注
宜优 99	80	13.6	产种数量为 10000 公斤，以实际入库数量为准
质量指标：纯度≥96%，净度≥98%，水份≤13%，发芽率≥80%。			

二、种子生产基地委托代管生产的环境条件及技术要求

1、乙方负责制种基地的规划落实，并且保证制种隔离安全，面积分户如实造册登记。甲方提供生产许可证，营业执照等备案资料。

2、乙方要建立田间生产档案，各阶段措施落实要有记载。若因乙方技术或质量措施落实不到位造成产量降低或质量不合格，责任由乙方自负。

3、乙方负责制种技术全程指导，包括播种、栽插、肥水管理、花期预测和调节、去杂去劣、防病治虫、产量预测、种子收储及产地检验检疫等工作。甲方有权对全程各个环节进行监督，乙方应予积极配合并保证所产种子达到合同约定的标准。如果精选后种子不达国标，甲方可以拒收，精选种子使芽率达到国标造成的损失，由乙方承担。

4、农户交纳的技术指导费、检验检疫费甲方补贴给乙方。

注明	原件复印
提供人	
调查人	
时间	2016. 3. 1

1

4

5、甲方负责向乙方提供国标亲本种子，母本种子价格为 50.00 元/公斤，父本种子价格为 6.00 元/公斤。亲本甲乙双方签封存样，亲本纯度不达国标，乙方通过努力一代种还是不达标，乙方损失由甲方赔偿。

6、甲方提供所制品种的生产技术资料，乙方根据技术资料和当地的生产气候条件拟订生产技术方案并报经甲方同意，乙方按此方案指导农户进行生产。

7、甲方派员对乙方生产进行检查指导，若发现技术操作不符合制种技术规程的乙方必须接受甲方的指导，否则甲方概不负责损失。

8、甲方保证收购乙方所代管生产的全部合格种子，若甲方无故拒收乙方生产（乙方代管）的合格种子，应赔偿拒收合格种子的全部经济损失给乙方。乙方应组织农户将所生产的合格种子全部交给甲方，不得自行销售和串换。

9、种子收购由乙方负责全部组织工作，甲方派员进行验质，凡不合格的种子甲方有权拒收，责任由乙方自负，一旦甲方验质收购，其种子水分、净度、发芽率（纯度除外）与乙方无关。

10、种子收购资金由甲方提供，并由甲方派员管理。甲方现款支付给乙方，由乙方代甲方向制种农户结算。甲方垫支的资金不向乙方收取利息。

11、甲方在调运种子时，必须分调运批次及数量，按甲乙双方合同约定支付种子款。

12、甲方调运种子时，甲乙双方必须现场扦样封存，样品保存至次年大田生产收获以后。若种子纯度出现问题时，甲方通知乙方及时派人到现场共同调查处理。若乙方不及时参加调查处理，则以甲方与用种方协商处理的结果为准，并由乙方承担全部责任。若甲乙双方对调查处理有异议，则以双方保存的封存样为准进行质量鉴定，鉴定结果确属种子纯度问题，其责任由乙方承担。

13、亲本种子款由甲方垫支，在种子收储结束时由乙方将该项款核算到村社，甲方从应付种子款中扣回。

14、合同签订后播种前（2014 年 3 月 1 日前）甲方预支乙方生产费用 200 元/亩，结账时扣除。

15、付款方法：收种前，甲方预支乙方收购资金 5 元/公斤，入库后结清剩余种子款。

三、质量保证金的扣收与管理

2

[redacted]

2016.3.1

5

72

质量保证金按 0.8 元/公斤保存至公司与基地共建帐户中，第二年若无质量问题全部退还给乙方，若有质量问题则作为赔偿金额的一部分由甲方处理。

四、本合同一式二份，甲乙双方各执一份，签字盖章后生效。未尽事宜双方协商解决。

五、本合同有效期为签订之日起至2014年12月31日止，若涉及法律责任待明确责任后终止。

甲方：四川[redacted]种业有限责任公司　　　　乙方：[redacted]

代表：陈[redacted]　　　　代表：

2014年1　月　15　日

注明：原件在[redacted]
提供人：陈[redacted]
调查人：黄[redacted]
时间：2016.3.1

6

农作物种子委托制种生产合同

本合同由以下双方于2013年1月20日在眉山市签署，合同编号：

甲方（委托方）：四川　　种业有限责任公司

法定代表人：陈

住　　　所：眉山市东坡区

乙方（受托方）：眉山市东坡区　　水稻专业合作社

法定代表人：万

住　　　所：眉山市东坡区

根据《中华人民共和国合同法》、《中华人民共和国种子法》及国家对制种行业的有关规定，经协商一致，甲方委托乙方代制种子，为明确双方的权利和义务，保证所生产种子的质量和数量，签订本合同。

一、甲方委托乙方代制生产种子的品种、计划面积、计划数量、预计单价及质量要求如下：

品种	计划面积（亩）	预计总产量（kg）	备注
冈优 336	20	2700	

实际数量较计划上下浮动不得超过 10%；预计单价指支付给农户的收购价，生产费用指乙方在生产过程中产生的一切费用。

种子质量要求：水分不高于 13.0 %，净度不低于 98.0 %，发芽率不低于 80%，纯度不低于 96.0%，异型异色率不高于 0.1%。

二、亲本种子：亲本种子由甲方提供，质量由甲方负责。

三、定金支付：无。

四、种子生产环境及技术要求：乙方应严格按照《农作物种子繁育规程》操作，保证所生产种子优质、高产。

五、双方的权利及义务：

甲方的权利与义务：按合同约定及时支付种子收购款；对乙方的生产过程进行监督检查及指导。

注明	冈优336生产合同原件
提供人	
调查人	2016.3.1
时间	

乙方的权利及义务：负责协助甲方办理种子生产许可证；按种子生产技术规程及种子产地检疫规程组织生产，接受种子管理机构和甲方的监督检查；按约定标准、数量及时交货，因不可抗力的自然灾害造成减产而减少供种数量时，乙方应及时通知甲方双方共同确认；出具有效合法的票据。

六、质量纠纷及解决：

1、种子质量纠纷由双方协商解决，如果协商不成，依法向人民法院提起诉讼。

2、调运时双方对每批种子取样进行鉴定和封存，封存样各保存一份，以备种子复检使用，样品保存至该批种子次年大田收获以后。

七、交货：

1、交货时间：自2013年8月中旬起至2013年9月30日止（视气候而定）。

2、交货地点：乙方所在的眉山市东坡区[redacted]的仓库。

若遇特殊情况，乙方必须及时向甲方通报，并经甲方确认后方可调整，否则，不得随意调整。

八、结算方式：

1、付款方式：种子全部到库后预付种子收购总款的50%；余款扣种子款总额的10%作为质量保证金后于2013年11月30日前陆续付清，同时结算生产费用；质量保证金于2014年8月底前经甲方田间纯度鉴定合格后支付，保证金暂存期间不计利息。

2、票据：乙方按结算总金额向甲方开具合法有效的票据。

九、违约责任：在合同履行过程中，若遭遇严重自然灾害等不可抗力导致大面积减产或绝收，乙方不承担违约责任，损失由甲乙双方各自承担，乙方已收甲方的款项全额退还甲方。

若种子生产正常，乙方不按时保质保量交付种子视为违约，违约方应赔偿守约方的一切经济损失并按合同总金额的20%承担违约金。

十、未尽事项经双方协商一致，可作出补充约定，补充约定与本合同有同等效力。

十一、本合同共3页，一式四份，合同双方各两份，双方签字盖章后生效，合同有效期从签字盖章之日起至2014年8月31日止。

甲方（盖章）：　　　　　　　　乙方（盖章）：

法定代表人或授权代表（签字）：　　　　法定代表人或授权代表（签字）：

75

眉山市东坡区杂交水稻种子生产合同

编号：________________

甲方（种业公司）： 眉山市东坡区[redacted]水稻专业合作社

乙方（制种户）： 王[redacted]

为保护合同当事人的合法权益，根据《中华人民共和国合同法》、《中华人民共和国种子法》等法律法规，甲乙双方在平等自愿基础上，就甲方委托乙方生产杂交稻种子有关事项，达成如下协议，双方共同信守。

一、品种面积

乙方自愿与甲方签订本合同，为甲方生产杂交水稻种子，品种为 珂松组合（编号_____号），面积 3 亩，制种地点[redacted]乡（镇 ）[redacted]村[redacted]组。

甲方按合同约定的种植面积在____年____月____日前供给乙方亲本种子，父本______公斤，母本______公斤。亲本种子价格：父本_____元/公斤，母本_____元/公斤，共计大写___________元（￥______元）。亲本款乙方在领取亲本种子时一次性付清，或在甲方回收种子结算时扣除。乙方不得擅自扩减面积、变更组合和跨区域生产。

二、生产技术

乙方应具备从事杂交水稻种子制种生产技术的基本知识、技术及管理经验。甲方向乙方提供种子生产技术服务，包括制种技术更新、提高、咨询、指导等。

技术服务可选择以下方式：提供参考技术方案；召开例行生产技术会；印发技术资料；新品种制种技术培训；制种技术专题研讨会等。

三、种子质量

（一）质量标准。乙方生产的种子必须达到国标（GB4401.1-2008）要求，即纯度不低于96%、净度不低于98%、发芽率不低于80%以上、水份不高于13%。

（二）质量保障措施。乙方的制种生产必须在甲方统一规划的制种生产区域内进行，制种田块要集中成片，安全隔离。抽穗扬花期要严格去杂去劣，收割晾晒过程要严防机械混杂。甲方要加强监督和检查，发现问题，及时督促乙方采取有效措施予以解决。经甲方检查督促后，乙方没有按规定严格去杂去劣，所产种子存在质量隐患，甲方有权拒收乙方的种子，由此产生的损失由乙方承担。

（三）种子质量保证金。为确保种子质量，乙方同意甲方在当年种子款结算时扣除种子款的10%作为种子质量保证金。乙方生产的种子经分户鉴定合格后，甲方在次年种子款结算时，一并退还乙方；若乙方生产的种子经分户鉴定不合格程度较轻的，甲方可根据不合格的程度扣减乙方种子质量保证金，直至扣完；对分户鉴定不合格程度较重的，甲方可拒绝收购，由此造成的损失由乙方自行承担。

四、种子收购

乙方按本合同约定的面积进行种子生产后，应向甲方交售不低于_____公斤/亩的合格种子。乙方交种数量最高不超过本合同约定交种量的20%，最低不低于本合同约定交种量的20%。甲方对乙方生产的合格种子，应按照本合同约定收购，不得无故拒收。乙方应依据本合同约定，向甲方交售合格种子，不得截留，不得卖给其他单位或个人。因自然灾害造成种子减产，预计交种与正常年份有较大差异时，乙方应提前告知甲方，双方在交种时取样封存，留待鉴定，以备核查种子质量。

交种信誉保证金。为确保完成交种数量，乙方自愿向甲方交[illegible]元/亩的[illegible]乙方在______年

注明	同[redacted]生产合同
提供人	[redacted]
调查人	蒋[redacted]
时间	2016.3.1

- 1 -

生产种子面积_____亩，合计向甲方交信誉保证金_________元。信誉保证金的用途是：若乙方没有向甲方交种或交种没有完成合同交种量，甲方将扣减交种信誉保证金，直至扣完。

五、种子价格

经甲乙双方协商，种子收购价格采用以下第__一__方案确定。

（一）种粮比确定。

甲乙双方约定按种粮比的原则定价。本合同乙方生产品种[illegible]（编号：_____号），收购价格按种子黄谷1：6定价，即1公斤种子价格按6公斤黄谷价格计价。黄谷价格按本合同年度6月、7月、8月三个月的市场价平均价格确定，黄谷平均价格按眉山市东坡区发改局发布的市场黄谷价为准。

（二）直接定价。

经甲乙双方议定，本合同乙方生产品种_________（编号：_______号），收购价格确定为_____元/公斤，该价格为最终定价，不随其它因素变化而变化。

种款结算。乙方应最迟在_____月____日前按本合同约定完成交种，交种完成后，双方凭甲方发放的入库码单结算种子款，甲方可以组或户为单位预付或结算种子款。种子款在当年11月30日前全部结清。

六、种子风险

种子生产受自然条件影响较大，多种自然因素可能会影响种子产量和质量，主要有苗期低温冻害，赶花期间低温寡照、大雨、绵雨、大风、冰雹，收割期间绵雨、大风、冰雹等，乙方应有心理准备和抗风险措施与能力。受以上自然因素影响造成的种子生产损失由乙方自行承担，甲方不承担补偿责任。甲方应积极协助乙方参加种子保险、理赔等工作，降低风险，减少损失。若甲方错发了亲本，应承担相应的赔偿责任。

七、其它约定

____承担[redacted]制种生产的乙方必须在田间邀花结束后将父本上部稻穗全部割除，甲方按乙方F1种子交种量补贴乙方0.8[illegible]/公斤。

八、违约责任

1、甲方有下列行为视为违约。未按本合同约定收购乙方质量合格种子；未收购丰收年增收20%以内的质量合格的种子；未能按合同约定期限支付种子款；无充分理由擅自压级压价。甲方违约，应按合同交种量种子款的____%向乙方支付违约金。

2、乙方有下列行为视为违约。未按本合同约定将合格种子交售甲方；擅自向第三方销售本合同所生产的种子；未能在约定时间前交种；无自然灾害，交种比计划减少20%以上；因隔离不合格等原因造成种子报废；未按约定割除父本。乙方违约，应按合同交种量种子款的___%向甲方支付违约金。

3、属甲方已申请品种权保护的品种，乙方不得截留、非法利用或转卖。否则，将承担相应的法律责任。

九、其它

本合同经甲方盖章签字，乙方签字后生效。本合同未尽事宜由甲乙双方协商解决，协商不成则可向甲方所在地人民法院提起诉讼。

本合同一式3[redacted]甲乙双方各执1份，主管部门备案1份。每份具有同等法律效力。

甲方单位（盖章）　　　　　　　　　　乙方（签字）：王[redacted]

甲方负责人（签字）：[redacted]　　　　　　乙方身份证号码：

2013年3月20日

77

眉山市东坡区杂交水稻种子生产合同

编号：______________

甲方（种业公司）： 眉山市东坡区[redacted]水稻专业合作社

乙方（制种户）： [redacted]

为保护合同当事人的合法权益， 根据《中华人民共和国合同法》、《中华人民共和国种子法》等法律法规，甲乙双方在平等自愿基础上，就甲方委托乙方生产杂交稻种子有关事项，达成如下协议，双方共同信守。

一、品种面积

乙方自愿与甲方签订本合同，为甲方生产杂交水稻种子，品种为[illegible]（编号_____号），面积1.2亩，制种地点[redacted]乡（镇）[redacted]村[redacted]组。

甲方按合同约定的种植面积在____年____月____日前供给乙方亲本种子，父本______公斤，母本______公斤。亲本种子价格：父本_____元/公斤，母本_____元/公斤，共计大写___________元（¥______元）。亲本款乙方在领取亲本种子时一次性付清，或在甲方回收种子结算时扣除。乙方不得擅自扩减面积、变更组合和跨区域生产。

二、生产技术

乙方应具备从事杂交水稻种子制种生产技术的基本知识、技术及管理经验。甲方向乙方提供种子生产技术服务，包括制种技术更新、提高、咨询、指导等。

技术服务可选择以下方式：提供参考技术方案；召开例行生产技术会；印发技术资料；新品种制种技术培训；制种技术专题研讨会等。

三、种子质量

（一）质量标准。乙方生产的种子必须达到国标(GB4401.1-2008)要求，即纯度不低于96%、净度不低于98%、发芽率不低于80%以上、水份不高于13%。

（二）质量保障措施。乙方的制种生产必须在甲方统一规划的制种生产区域内进行，制种田块要集中成片，安全隔离。抽穗扬花期要严格去杂去劣，收割晾晒过程要严防机械混杂。甲方要加强监督和检查，发现问题，及时督促乙方采取有效措施予以解决。经甲方检查督促后，乙方没有按规定严格去杂去劣，所产种子存在质量隐患，甲方有权拒收乙方的种子，由此产生的损失由乙方承担。

（三）种子质量保证金。为确保种子质量，乙方同意甲方在当年种子款结算时扣除种子款的10%作为种子质量保证金。乙方生产的种子经分户鉴定合格后，甲方在次年种子款结算时，一并退还乙方；若乙方生产的种子经分户鉴定不合格程度较轻的，甲方可根据不合格的程度扣减乙方种子质量保证金，直至扣完；对分户鉴定不合格程度较重的，甲方可拒绝收购，由此造成的损失由乙方自行承担。

四、种子收购

乙方按本合同约定的面积进行种子生产后，应向甲方交售不低于_____公斤/亩的合格种子。乙方交种数量最高不超过本合同约定交种量的20%，最低不低于本合同约定交种量的20%。甲方对乙方生产的合格种子，应按照本合同约定收购，不得无故拒收。乙方应依据本合同约定，向甲方交售合格种子，不得截留，不得卖给其他单位或个人。因自然灾害造成种子减产，预计交种与正常年份有较大差异时，乙方应提前告知甲方，双方在交种时取样封存，留待鉴定，以备核查种子质量。

交种信誉保证金。为确保完成交种数量， 乙方自愿向甲方交[illegible]元/亩的[illegible]金。乙方在______年

注　明	[illegible]
提供人	[redacted]
调查人	[redacted]
时　间	2016.3.1

78

生产种子面积_____亩，合计向甲方交信誉保证金__________元。信誉保证金的用途是：若乙方没有向甲方交种或交种没有完成合同交种量，甲方将扣减交种信誉保证金，直至扣完。

五、种子价格

经甲乙双方协商，种子收购价格采用以下第__一__方案确定。

（一）种粮比确定。

甲乙双方约定按种粮比的原则定价。本合同乙方生产品种[illegible]（编号：_____号），收购价格按种子黄谷1：6定价，即1公斤种子价格按6公斤黄谷价格计价。黄谷价格按本合同年度6月、7月、8月三个月的市场价平均价格确定，黄谷平均价格按眉山市东坡区发改局发布的市场黄谷价为准。

（二）直接定价。

经甲乙双方议定，本合同乙方生产品种__________（编号：_______号），收购价格确定为_____元/公斤，该价格为最终定价，不随其它因素变化而变化。

种款结算。乙方应最迟在_____月____日前按本合同约定完成交种，交种完成后，双方凭甲方发放的入库码单结算种子款，甲方可以组或户为单位预付或结算种子款。种子款在当年11月30日前全部结清。

六、种子风险

种子生产受自然条件影响较大，多种自然因素可能会影响种子产量和质量，主要有苗期低温冻害，赶花期间低温寡照、大雨、绵雨、大风、冰雹，收割期间绵雨、大风、冰雹等，乙方应有心理准备和抗风险措施与能力。受以上自然因素影响造成的种子生产损失由乙方自行承担，甲方不承担补偿责任。甲方应积极协助乙方参加种子保险、理赔等工作，降低风险，减少损失。若甲方错发了亲本，应承担相应的赔偿责任。

七、其它约定

承担[redacted]制种生产的乙方必须在田间邀花结束后将父本上部稻穗全部割除，甲方按乙方F1种子交种量补贴乙方0.80元/公斤。

八、违约责任

1、甲方有下列行为视为违约。未按本合同约定收购乙方质量合格种子；未收购丰收年增收20%以内的质量合格的种子；未能按合同约定期限支付种子款；无充分理由擅自压级压价。甲方违约，应按合同交种量种子款的___%向乙方支付违约金。

2、乙方有下列行为视为违约。未按本合同约定将合格种子交售甲方；擅自向第三方销售本合同所生产的种子；未能在约定时间前交种；无自然灾害，交种比计划减少20%以上；因隔离不合格等原因造成种子报废；未按约定割除父本。乙方违约，应按合同交种量种子款的___%向甲方支付违约金。

3、属甲方已申请品种权保护的品种，乙方不得截留、非法利用或转卖。否则，将承担相应的法律责任。

九、其它

本合同经甲方盖章签字，乙方签字后生效。本合同未尽事宜由甲乙双方协商解决，协商不成则可向甲方所在地人民法院提起诉讼。

本合同一式3份，甲乙双方各执1份，主管部门备案1份。每份具有同等法律效力。

甲方单位（盖章）：

甲方负责人（签字）：[redacted]

乙方（签字）：李[redacted]

乙方身份证号码：

2013年3月20日

- 2 -

眉山市东坡区杂交水稻种子生产合同

编号：__________

甲方（种业公司）：眉山市东坡区[redacted]水稻专业合作社

乙方（制种户）：朱[redacted]

为保护合同当事人的合法权益， 根据《中华人民共和国合同法》、《中华人民共和国种子法》等法律法规，甲乙双方在平等自愿基础上，就甲方委托乙方生产杂交稻种子有关事项，达成如下协议，双方共同信守。

一、品种面积

乙方自愿与甲方签订本合同，为甲方生产杂交水稻种子，品种为[illegible]（编号_____号），面积3亩，制种地点[redacted]乡（镇）[redacted]村________组。

甲方按合同约定的种植面积在____年____月____日前供给乙方亲本种子，父本______公斤，母本______公斤。亲本种子价格：父本_____元/公斤，母本_____元/公斤，共计大写__________元（¥______元）。亲本款乙方在领取亲本种子时一次性付清，或在甲方回收种子结算时扣除。乙方不得擅自扩减面积、变更组合和跨区域生产。

二、生产技术

乙方应具备从事杂交水稻种子制种生产技术的基本知识、技术及管理经验。甲方向乙方提供种子生产技术服务，包括制种技术更新、提高、咨询、指导等。

技术服务可选择以下方式：提供参考技术方案；召开例行生产技术会；印发技术资料；新品种制种技术培训；制种技术专题研讨会等。

三、种子质量

（一）质量标准。乙方生产的种子必须达到国标(GB4401.1-2008)要求，即纯度不低于96%、净度不低于98%、发芽率不低于80%以上、水份不高于13%。

（二）质量保障措施。乙方的制种生产必须在甲方统一规划的制种生产区域内进行，制种田块要集中成片，安全隔离。抽穗扬花期要严格去杂去劣，收割晾晒过程要严防机械混杂。甲方要加强监督和检查，发现问题，及时督促乙方采取有效措施予以解决。经甲方检查督促后，乙方没有按规定严格去杂去劣，所产种子存在质量隐患，甲方有权拒收乙方的种子，由此产生的损失由乙方承担。

（三）种子质量保证金。为确保种子质量，乙方同意甲方在当年种子款结算时扣除种子款的10%作为种子质量保证金。乙方生产的种子经分户鉴定合格后，甲方在次年种子款结算时，一并退还乙方；若乙方生产的种子经分户鉴定不合格程度较轻的，甲方可根据不合格的程度扣减乙方种子质量保证金，直至扣完；对分户鉴定不合格程度较重的，甲方可拒绝收购，由此造成的损失由乙方自行承担。

四、种子收购

乙方按本合同约定的面积进行种子生产后，应向甲方交售不低于_____公斤/亩的合格种子。乙方交种数量最高不超过本合同约定交种量的20%，最低不低于本合同约定交种量的20%。甲方对乙方生产的合格种子，应按照本合同约定收购，不得无故拒收。乙方应依据本合同约定，向甲方交售合格种子，不得截留，不得卖给其他单位或个人。因自然灾害造成种子减产，预计交种与正常年份有较大差异时，乙方应提前告知甲方。双方在交种时取样封存，留待鉴定，以备核查种子质量。

交种信誉保证金。为确保完成交种数量， 乙方自愿向甲方交纳___元/亩的交种保[redacted]。乙方在____年

注　明	[illegible]
提供人	[redacted]
调查人	[redacted]
时　间	2016.3.1

80

生产种子面积______亩，合计向甲方交信誉保证金__________元。信誉保证金的用途是：若乙方没有向甲方交种或交种没有完成合同交种量，甲方将扣减交种信誉保证金，直至扣完。

五、种子价格

经甲乙双方协商，种子收购价格采用以下第__一__方案确定。

（一）种粮比确定。

甲乙双方约定按种粮比的原则定价。本合同乙方生产品种__冈优[illegible]__（编号：______号），收购价格按种子黄谷1：__6__定价，即1公斤种子价格按__6__公斤黄谷价格计价。黄谷价格按本合同年度6月、7月、8月三个月的市场价平均价格确定，黄谷平均价格按眉山市东坡区发改局发布的市场黄谷价为准。

（二）直接定价。

经甲乙双方议定，本合同乙方生产品种__________（编号：_______号），收购价格确定为______元/公斤，该价格为最终定价，不随其它因素变化而变化。

种款结算。乙方应最迟在______月____日前按本合同约定完成交种，交种完成后，双方凭甲方发放的入库码单结算种子款，甲方可以组或户为单位预付或结算种子款。种子款在当年11月30日前全部结清。

六、种子风险

种子生产受自然条件影响较大，多种自然因素可能会影响种子产量和质量，主要有苗期低温冻害，赶花期间低温寡照、大雨、绵雨、大风、冰雹，收割期间绵雨、大风、冰雹等，乙方应有心理准备和抗风险措施与能力。受以上自然因素影响造成的种子生产损失由乙方自行承担，甲方不承担补偿责任。甲方应积极协助乙方参加种子保险、理赔等工作，降低风险，减少损失。若甲方错发了亲本，应承担相应的赔偿责任。

七、其它约定

承担[redacted]制种生产的乙方必须在田间邀花结束后将父本上部稻穗全部割除，甲方按乙方F1种子交种量补贴乙方0.80元/公斤。

八、违约责任

1、甲方有下列行为视为违约。未按本合同约定收购乙方质量合格种子；未收购丰收年增收20%以内的质量合格的种子；未能按合同约定期限支付种子款；无充分理由擅自压级压价。甲方违约，应按合同交种量种子款的___%向乙方支付违约金。

2、乙方有下列行为视为违约。未按本合同约定将合格种子交售甲方；擅自向第三方销售本合同所生产的种子；未能在约定时间前交种；无自然灾害，交种比计划减少20%以上；因隔离不合格等原因造成种子报废；未按约定割除父本。乙方违约，应按合同交种量种子款的___%向甲方支付违约金。

3、属甲方已申请品种权保护的品种，乙方不得截留、非法利用或转卖。否则，将承担相应的法律责任。

九、其它

本合同经甲方盖章签字，乙方签字后生效。本合同未尽事宜由甲乙双方协商解决，协商不成则可向甲方所在地人民法院提起诉讼。

本合同一式3[redacted]甲乙双方各执1份，主管部门备案1份。每份具有同等法律效力。

甲方单位（盖章）：

乙方（签字）：吴[redacted]

甲方负责人（签字）：[redacted]

乙方身份证号码：

2013年3月20日

-2-

眉山市东坡区杂交水稻种子生产合同

编号：______________

甲方（种业公司）： 眉山市东坡区　　水稻专业合作社

乙方（制种户）： 王

为保护合同当事人的合法权益，根据《中华人民共和国合同法》、《中华人民共和国种子法》等法律法规，甲乙双方在平等自愿基础上，就甲方委托乙方生产杂交稻种子有关事项，达成如下协议，双方共同信守。

一、品种面积

乙方自愿与甲方签订本合同，为甲方生产杂交水稻种子，品种为冈优组合（编号_____号），面积2.4亩，制种地点　　乡（镇）　　村　　组。

甲方按合同约定的种植面积在___年___月___日前供给乙方亲本种子，父本______公斤，母本______公斤。亲本种子价格：父本_____元/公斤，母本_____元/公斤，共计大写__________元（￥______元）。亲本款乙方在领取亲本种子时一次性付清，或在甲方回收种子结算时扣除。乙方不得擅自扩减面积、变更组合和跨区域生产。

二、生产技术

乙方应具备从事杂交水稻种子制种生产技术的基本知识、技术及管理经验。甲方向乙方提供种子生产技术服务，包括制种技术更新、提高、咨询、指导等。

技术服务可选择以下方式：提供参考技术方案；召开例行生产技术会；印发技术资料；新品种制种技术培训；制种技术专题研讨会等。

三、种子质量

（一）质量标准。乙方生产的种子必须达到国标（GB4401.1-2008）要求，即纯度不低于96%、净度不低于98%、发芽率不低于80%以上、水份不高于13%。

（二）质量保障措施。乙方的制种生产必须在甲方统一规划的制种生产区域内进行，制种田块要集中成片，安全隔离。抽穗扬花期要严格去杂去劣，收割晾晒过程要严防机械混杂、甲方要加强监督和检查，发现问题，及时督促乙方采取有效措施予以解决。经甲方检查督促后，乙方没有按规定严格去杂去劣，所产种子存在质量隐患，甲方有权拒收乙方的种子，由此产生的损失由乙方承担。

（三）种子质量保证金。为确保种子质量，乙方同意甲方在当年种子款结算时扣除种子款的10%作为种子质量保证金。乙方生产的种子经分户鉴定合格后，甲方在次年种子款结算时，一并退还乙方；若乙方生产的种子经分户鉴定不合格程度较轻的，甲方可根据不合格的程度扣减乙方种子质量保证金，直至扣完；对分户鉴定不合格程度较重的，甲方可拒绝收购，由此造成的损失由乙方自行承担。

四、种子收购

乙方按本合同约定的面积进行种子生产后，应向甲方交售不低于_____公斤/亩的合格种子。乙方交种数量最高不超过本合同约定交种量的20%，最低不低于本合同约定交种量的20%。甲方对乙方生产的合格种子，应按照本合同约定收购，不得无故拒收。乙方应依据本合同约定，向甲方交售合格种子，不得截留，不得卖给其他单位或个人。因自然灾害造成种子减产，预计交种与正常年份有较大差异时，乙方应提前告知甲方。双方在交种时取样封存，留待鉴定，以备核查种子质量。

交种信誉保证金。为确保完成交种数量，乙方自愿向甲方交[illegible]金。乙方在______年

注明	生产合同原件
提供人	
调查人	
时间	2016.3.1

82

生产种子面积_____亩，合计向甲方交信誉保证金_________元。信誉保证金的用途是：若乙方没有向甲方交种或交种没有完成合同交种量，甲方将扣减交种信誉保证金，直至扣完。

五、种子价格

经甲乙双方协商，种子收购价格采用以下第__一__方案确定。

（一）种粮比确定。

甲乙双方约定按种粮比的原则定价。本合同乙方生产品种_______（编号：_____号），收购价格按种子黄谷1:6定价，即1公斤种子价格按__6__公斤黄谷价格计价。黄谷价格按本合同年度6月、7月、8月三个月的市场价平均价格确定，黄谷平均价格按眉山市东坡区发改局发布的市场黄谷价为准。

（二）直接定价。

经甲乙双方议定，本合同乙方生产品种_________（编号：_______号），收购价格确定为_____元/公斤，该价格为最终定价，不随其它因素变化而变化。

种款结算。乙方应最迟在_____月____日前按本合同约定完成交种，交种完成后，双方凭甲方发放的入库码单结算种子款，甲方可以组或户为单位预付或结算种子款。种子款在当年11月30日前全部结清。

六、种子风险

种子生产受自然条件影响较大，多种自然因素可能会影响种子产量和质量，主要有苗期低温冻害，赶花期间低温寡照、大雨、绵雨、大风、冰雹，收割期间绵雨、大风、冰雹等，乙方应有心理准备和抗风险措施与能力。受以上自然因素影响造成的种子生产损失由乙方自行承担，甲方不承担补偿责任。甲方应积极协助乙方参加种子保险、理赔等工作，降低风险，减少损失。若甲方错发了亲本，应承担相应的赔偿责任。

七、其它约定

承担[redacted]制种生产的乙方必须在田间邀花结束后将父本上部稻穗全部割除，甲方按乙方F1种子交种量补贴乙方0.80元/公斤。

八、违约责任

1、甲方有下列行为视为违约。未按本合同约定收购乙方质量合格种子；未收购丰收年增收20%以内的质量合格的种子；未能按合同约定期限支付种子款；无充分理由擅自压级压价。甲方违约，应按合同交种量种子款的___%向乙方支付违约金。

2、乙方有下列行为视为违约。未按本合同约定将合格种子交售甲方；擅自向第三方销售本合同所生产的种子；未能在约定时间前交种；无自然灾害，交种比计划减少20%以上；因隔离不合格等原因造成种子报废；未按约定割除父本。乙方违约，应按合同交种量种子款的___%向甲方支付违约金。

3、属甲方已申请品种权保护的品种，乙方不得截留、非法利用或转卖。否则，将承担相应的法律责任。

九、其它

本合同经甲方盖章签字，乙方签字后生效。本合同未尽事宜由甲乙双方协商解决，协商不成则可向甲方所在地人民法院提起诉讼。

本合同[redacted]份，甲乙双方各执1份，主管部门备案1份。每份具有同等法律效力。

甲方单位（盖章）：　　　　　　　　乙方（签字）：王[redacted]

甲方负责人（签字）：[redacted]　　　　乙方身份证号码：

2013年3月20日

- 2 -

83

眉山市东坡区杂交水稻种子生产合同

编号：____________

甲方（种业公司）：眉山市东坡区[redacted]水稻专业合作社

乙方（制种户）：刘[redacted]

为保护合同当事人的合法权益，根据《中华人民共和国合同法》、《中华人民共和国种子法》等法律法规，甲乙双方在平等自愿基础上，就甲方委托乙方生产杂交稻种子有关事项，达成如下协议，双方共同信守。

一、品种面积

乙方自愿与甲方签订本合同，为甲方生产杂交水稻种子，品种为双优旧会（编号_____号），面积____亩，制种地点[redacted]乡（镇）[redacted]村[redacted]组。

甲方按合同约定的种植面积在____年____月____日前供给乙方亲本种子，父本______公斤，母本______公斤。亲本种子价格：父本_____元/公斤，母本_____元/公斤，共计大写__________元（￥______元）。亲本款乙方在领取亲本种子时一次性付清，或在甲方回收种子结算时扣除。乙方不得擅自扩减面积、变更组合和跨区域生产。

二、生产技术

乙方应具备从事杂交水稻种子制种生产技术的基本知识、技术及管理经验。甲方向乙方提供种子生产技术服务，包括制种技术更新、提高、咨询、指导等。

技术服务可选择以下方式：提供参考技术方案；召开例行生产技术会；印发技术资料；新品种制种技术培训；制种技术专题研讨会等。

三、种子质量

（一）质量标准。乙方生产的种子必须达到国标（GB4401.1-2008）要求，即纯度不低于96%、净度不低于98%、发芽率不低于80%以上、水份不高于13%。

（二）质量保障措施。乙方的制种生产必须在甲方统一规划的制种生产区域内进行，制种田块要集中成片，安全隔离。抽穗扬花期要严格去杂去劣，收割晾晒过程要严防机械混杂。甲方要加强监督和检查，发现问题，及时督促乙方采取有效措施予以解决。经甲方检查督促后，乙方没有按规定严格去杂去劣，所产种子存在质量隐患，甲方有权拒收乙方的种子，由此产生的损失由乙方承担。

（三）种子质量保证金。为确保种子质量，乙方同意甲方在当年种子款结算时扣除种子款的10%作为种子质量保证金。乙方生产的种子经分户鉴定合格后，甲方在次年种子款结算时，一并退还乙方；若乙方生产的种子经分户鉴定不合格程度较轻的，甲方可根据不合格的程度扣减乙方种子质量保证金，直至扣完；对分户鉴定不合格程度较重的，甲方可拒绝收购，由此造成的损失由乙方自行承担。

四、种子收购

乙方按本合同约定的面积进行种子生产后，应向甲方交售不低于_____公斤/亩的合格种子。乙方交种数量最高不超过本合同约定交种量的20%，最低不低于本合同约定交种量的20%。甲方对乙方生产的合格种子，应按照本合同约定收购，不得无故拒收。乙方应依据本合同约定，向甲方交售合格种子，不得截留，不得卖给其他单位或个人。因自然灾害造成种子减产，预计交种与正常年份有较大差异时，乙方应提前告知甲方，双方在交种时取样封存，留待鉴定，以备核查种子质量。

交种信誉保证金。为确保完成交种数量，乙方自愿向甲方交纳____元/亩的交种[redacted]，乙方在______年

证明	[redacted]
提供人	[redacted]
调查人	[redacted]
时间	2016.3.1

84

生产种子面积_____亩，合计向甲方交信誉保证金_________元。信誉保证金的用途是：若乙方没有向甲方交种或交种没有完成合同交种量，甲方将扣减交种信誉保证金，直至扣完。

五、种子价格

经甲乙双方协商，种子收购价格采用以下第__一__方案确定。

（一）种粮比确定。

甲乙双方约定按种粮比的原则定价。本合同乙方生产品种[illegible]（编号：_____号），收购价格按种子黄谷1：6定价，即1公斤种子价格按6公斤黄谷价格计价。黄谷价格按本合同年度6月、7月、8月三个月的市场价平均价格确定，黄谷平均价格按眉山市东坡区发改局发布的市场黄谷价为准。

（二）直接定价。

经甲乙双方议定，本合同乙方生产品种_________（编号：______号），收购价格确定为_____元/公斤，该价格为最终定价，不随其它因素变化而变化。

种款结算。乙方应最迟在_____月____日前按本合同约定完成交种，交种完成后，双方凭甲方发放的入库码单结算种子款，甲方可以组或户为单位预付或结算种子款。种子款在当年11月30日前全部结清。

六、种子风险

种子生产受自然条件影响较大，多种自然因素可能会影响种子产量和质量，主要有苗期低温冻害，赶花期间低温寡照、大雨、绵雨、大风、冰雹，收割期间绵雨、大风、冰雹等，乙方应有心理准备和抗风险措施与能力。受以上自然因素影响造成的种子生产损失由乙方自行承担，甲方不承担补偿责任。甲方应积极协助乙方参加种子保险、理赔等工作，降低风险，减少损失。若甲方错发了亲本，应承担相应的赔偿责任。

七、其它约定

承担[redacted]制种生产的乙方必须在田间邀花结束后将父本上部稻穗全部割除，甲方按乙方F1种子交种量补贴乙方0.80元/公斤。

八、违约责任

1、甲方有下列行为视为违约。未按本合同约定收购乙方质量合格种子；未收购丰收年增收20%以内的质量合格的种子；未能按合同约定期限支付种子款；无充分理由擅自压级压价。甲方违约，应按合同交种量种子款的___%向乙方支付违约金。

2、乙方有下列行为视为违约。未按本合同约定将合格种子交售甲方；擅自向第三方销售本合同所生产的种子；未能在约定时间前交种；无自然灾害，交种比计划减少20%以上；因隔离不合格等原因造成种子报废；未按约定割除父本。乙方违约，应按合同交种量种子款的___%向甲方支付违约金。

3、属甲方已申请品种权保护的品种，乙方不得截留、非法利用或转卖。否则，将承担相应的法律责任。

九、其它

本合同经甲方盖章签字，乙方签字后生效。本合同未尽事宜由甲乙双方协商解决，协商不成则可向甲方所在地人民法院提起诉讼。

本合同一式3份，甲乙双方各执1份，主管部门备案1份。每份具有同等法律效力。

甲方单位（盖章）：　　　　　　　　乙方（签字）：刘[redacted]

甲方负责人（签字）：[redacted]　　　　乙方身份证号码：

2013年3月20日

-2-

85

眉山市东坡区杂交水稻种子生产合同

编号：______________

甲方（种业公司）：眉山市东坡区[redacted]水稻专业合作社

乙方（制种户）：[redacted]

为保护合同当事人的合法权益，根据《中华人民共和国合同法》、《中华人民共和国种子法》等法律法规，甲乙双方在平等自愿基础上，就甲方委托乙方生产杂交稻种子有关事项，达成如下协议，双方共同信守。

一、品种面积

乙方自愿与甲方签订本合同，为甲方生产杂交水稻种子，品种为[illegible]（编号_____号），面积2亩，制种地点[redacted]乡（镇）[redacted]村[redacted]组。

甲方按合同约定的种植面积在____年____月____日前供给乙方亲本种子，父本______公斤，母本______公斤。亲本种子价格：父本_____元/公斤，母本_____元/公斤，共计大写__________元（￥______元）。亲本款乙方在领取亲本种子时一次性付清，或在甲方回收种子结算时扣除。乙方不得擅自扩减面积、变更组合和跨区域生产。

二、生产技术

乙方应具备从事杂交水稻种子制种生产技术的基本知识、技术及管理经验。甲方向乙方提供种子生产技术服务，包括制种技术更新、提高、咨询、指导等。

技术服务可选择以下方式：提供参考技术方案；召开例行生产技术会；印发技术资料；新品种制种技术培训；制种技术专题研讨会等。

三、种子质量

（一）质量标准。乙方生产的种子必须达到国标（GB4401.1-2008）要求，即纯度不低于96%、净度不低于98%、发芽率不低于80%以上、水份不高于13%。

（二）质量保障措施。乙方的制种生产必须在甲方统一规划的制种生产区域内进行，制种田块要集中成片，安全隔离。抽穗扬花期要严格去杂去劣，收割晾晒过程要严防机械混杂。甲方要加强监督和检查，发现问题，及时督促乙方采取有效措施予以解决。经甲方检查督促后，乙方没有按规定严格去杂去劣，所产种子存在质量隐患，甲方有权拒收乙方的种子，由此产生的损失由乙方承担。

（三）种子质量保证金。为确保种子质量，乙方同意甲方在当年种子款结算时扣除种子款的10%作为种子质量保证金。乙方生产的种子经分户鉴定合格后，甲方在次年种子款结算时，一并退还乙方；若乙方生产的种子经分户鉴定不合格程度较轻的，甲方可根据不合格的程度扣减乙方种子质量保证金，直至扣完；对分户鉴定不合格程度较重的，甲方可拒绝收购，由此造成的损失由乙方自行承担。

四、种子收购

乙方按本合同约定的面积进行种子生产后，应向甲方交售不低于_____公斤/亩的合格种子。乙方交种数量最高不超过本合同约定交种量的20%，最低不低于本合同约定交种量的20%。甲方对乙方生产的合格种子，应按照本合同约定收购，不得无故拒收。乙方应依据本合同约定，向甲方交售合格种子，不得截留，不得卖给其他单位或个人。因自然灾害造成种子减产，预计交种与正常年份有较大差异时，乙方应提前告知甲方。双方在交种时取样封存，留待鉴定，以备核查种子质量。

交种信誉保证金。为确保完成交种数量，乙方自愿向甲方交纳 … 亩的交种保 … 乙方在______年

证明	[redacted]
提供人	[redacted]
调查人	[redacted]
时间	2016.3.1

- 1 -

86

生产种子面积_____亩，合计向甲方交信誉保证金__________元。信誉保证金的用途是：若乙方没有向甲方交种或交种没有完成合同交种量，甲方将扣减交种信誉保证金，直至扣完。

五、种子价格

经甲乙双方协商，种子收购价格采用以下第__一__方案确定。

（一）种粮比确定。

甲乙双方约定按种粮比的原则定价。本合同乙方生产品种__[illegible]__（编号：_____号），收购价格按种子黄谷1：__6__定价，即 1 公斤种子价格按__6__公斤黄谷价格计价。黄谷价格按本合同年度 6 月、7 月、8 月三个月的市场价平均价格确定，黄谷平均价格按眉山市东坡区发改局发布的市场黄谷价为准。

（二）直接定价。

经甲乙双方议定，本合同乙方生产品种__________（编号：_______号），收购价格确定为_____元/公斤，该价格为最终定价，不随其它因素变化而变化。

种款结算。乙方应最迟在_____月____日前按本合同约定完成交种，交种完成后，双方凭甲方发放的入库码单结算种子款，甲方可以组或户为单位预付或结算种子款。种子款在当年 11 月 30 日前全部结清。

六、种子风险

种子生产受自然条件影响较大，多种自然因素可能会影响种子产量和质量，主要有苗期低温冻害，赶花期间低温寡照、大雨、绵雨、大风、冰雹，收割期间绵雨、大风、冰雹等，乙方应有心理准备和抗风险措施与能力。受以上自然因素影响造成的种子生产损失由乙方自行承担，甲方不承担补偿责任。甲方应积极协助乙方参加种子保险、理赔等工作，降低风险，减少损失。若甲方错发了亲本，应承担相应的赔偿责任。

七、其它约定

承担 [redacted] 制种生产的乙方必须在田间邀花结束后将父本上部稻穗全部割除，甲方按乙方 F1 种子交种量补贴乙方 0.80 元/公斤。

八、违约责任

1、甲方有下列行为视为违约。未按本合同约定收购乙方质量合格种子；未收购丰收年增收 20%以内的质量合格的种子；未能按合同约定期限支付种子款；无充分理由擅自压级压价。甲方违约，应按合同交种量种子款的___%向乙方支付违约金。

2、乙方有下列行为视为违约。未按本合同约定将合格种子交售甲方；擅自向第三方销售本合同所生产的种子；未能在约定时间前交种；无自然灾害，交种比计划减少 20%以上；因隔离不合格等原因造成种子报废；未按约定割除父本。乙方违约，应按合同交种量种子款的___%向甲方支付违约金。

3、属甲方已申请品种权保护的品种，乙方不得截留、非法利用或转卖，否则，将承担相应的法律责任。

九、其它

本合同经甲方盖章签字，乙方签字后生效。本合同未尽事宜由甲乙双方协商解决，协商不成则可向甲方所在地人民[redacted]提起诉讼。

本合同一式 3 份，甲乙双方各执 1 份，主管部门备案 1 份。每份具有同等法律效力。

甲方单位（盖章）：　　　　　　乙方（签字）：王 [redacted]

甲方负责人（签字）：[redacted]　　　　　　乙方身份证号码：

2013 年 3 月 20 日

- 2 -

眉山市东坡区杂交水稻种子生产合同

编号：______________

甲方（种业公司）：眉山市东坡区[redacted]水稻专业合作社

乙方（制种户）：[redacted]

为保护合同当事人的合法权益，根据《中华人民共和国合同法》、《中华人民共和国种子法》等法律法规，甲乙双方在平等自愿基础上，就甲方委托乙方生产杂交稻种子有关事项，达成如下协议，双方共同信守。

一、品种面积

乙方自愿与甲方签订本合同，为甲方生产杂交水稻种子，品种为[illegible]（编号_____号），面积1.5亩，制种地点[redacted]乡（镇）[redacted]村[redacted]组。

甲方按合同约定的种植面积在____年____月____日前供给乙方亲本种子，父本______公斤，母本______公斤。亲本种子价格：父本_____元/公斤，母本_____元/公斤，共计大写___________元（¥______元）。亲本款乙方在领取亲本种子时一次性付清，或在甲方回收种子结算时扣除。乙方不得擅自扩减面积、变更组合和跨区域生产。

二、生产技术

乙方应具备从事杂交水稻种子制种生产技术的基本知识、技术及管理经验。甲方向乙方提供种子生产技术服务，包括制种技术更新、提高、咨询、指导等。

技术服务可选择以下方式：提供参考技术方案；召开例行生产技术会；印发技术资料；新品种制种技术培训；制种技术专题研讨会等。

三、种子质量

（一）质量标准。乙方生产的种子必须达到国标（GB4401.1-2008）要求，即纯度不低于96%、净度不低于98%、发芽率不低于80%以上、水份不高于13%。

（二）质量保障措施。乙方的制种生产必须在甲方统一规划的制种生产区域内进行，制种田块要集中成片，安全隔离。抽穗扬花期要严格去杂去劣，收割晾晒过程要严防机械混杂。甲方要加强监督和检查，发现问题，及时督促乙方采取有效措施予以解决。经甲方检查督促后，乙方没有按规定严格去杂去劣，所产种子存在质量隐患，甲方有权拒收乙方的种子，由此产生的损失由乙方承担。

（三）种子质量保证金。为确保种子质量，乙方同意甲方在当年种子款结算时扣除种子款的10%作为种子质量保证金。乙方生产的种子经分户鉴定合格后，甲方在次年种子款结算时，一并退还乙方；若乙方生产的种子经分户鉴定不合格程度较轻的，甲方可根据不合格的程度扣减乙方种子质量保证金，直至扣完；对分户鉴定不合格程度较重的，甲方可拒绝收购，由此造成的损失由乙方自行承担。

四、种子收购

乙方按本合同约定的面积进行种子生产后，应向甲方交售不低于_____公斤/亩的合格种子。乙方交种数量最高不超过本合同约定交种量的20%，最低不低于本合同约定交种量的20%。甲方对乙方生产的合格种子，应按照本合同约定收购，不得无故拒收。乙方应依据本合同约定，向甲方交售合格种子，不得截留，不得卖给其他单位或个人。因自然灾害造成种子减产，预计交种与正常年份有较大差异时，乙方应提前告知甲方。双方在交种时取样封存，留待鉴定，以备核查种子质量。

交种信誉保证金。为确保完成交种数量，乙方自愿向甲方交纳____元/亩的交种[redacted]证金。乙方在_____年

住址	[illegible][redacted][illegible]
提供人	[illegible][redacted]
调查人	[illegible][redacted] [illegible][redacted]
时间	2016.3.1

- 1 -

88

生产种子面积______亩，合计向甲方交信誉保证金__________元。信誉保证金的用途是：若乙方没有向甲方交种或交种没有完成合同交种量，甲方将扣减交种信誉保证金，直至扣完。

五、种子价格

经甲乙双方协商，种子收购价格采用以下第__一__方案确定。

（一）种粮比确定。

甲乙双方约定按种粮比的原则定价。本合同乙方生产品种________（编号：______号），收购价格按种子黄谷1:6定价，即 1 公斤种子价格按 6 公斤黄谷价格计价。黄谷价格按本合同年度 6 月、7 月、8 月三个月的市场价平均价格确定，黄谷平均价格按眉山市东坡区发改局发布的市场黄谷价为准。

（二）直接定价。

经甲乙双方议定，本合同乙方生产品种__________（编号：________号），收购价格确定为______元/公斤，该价格为最终定价，不随其它因素变化而变化。

种款结算。乙方应最迟在______月_____日前按本合同约定完成交种，交种完成后，双方凭甲方发放的入库码单结算种子款，甲方可以组或户为单位预付或结算种子款。种子款在当年 11 月 30 日前全部结清。

六、种子风险

种子生产受自然条件影响较大，多种自然因素可能会影响种子产量和质量，主要有苗期低温冻害，赶花期间低温寡照、大雨、绵雨、大风、冰雹，收割期间绵雨、大风、冰雹等，乙方应有心理准备和抗风险措施与能力。受以上自然因素影响造成的种子生产损失由乙方自行承担，甲方不承担补偿责任。甲方应积极协助乙方参加种子保险、理赔等工作，降低风险，减少损失。若甲方错发了亲本，应承担相应的赔偿责任。

七、其它约定

承担[redacted]制种生产的乙方必须在田间邀花结束后将父本上部稻穗全部割除，甲方按乙方 F1 种子交种量补贴乙方 0.80 元/公斤。

八、违约责任

1、甲方有下列行为视为违约。未按本合同约定收购乙方质量合格种子；未收购丰收年增收 20%以内的质量合格的种子；未能按合同约定期限支付种子款；无充分理由擅自压级压价。甲方违约，应按合同交种量种子款的___%向乙方支付违约金。

2、乙方有下列行为视为违约。未按本合同约定将合格种子交售甲方；擅自向第三方销售本合同所生产的种子；未能在约定时间前交种；无自然灾害，交种比计划减少 20%以上；因隔离不合格等原因造成种子报废；未按约定割除父本。乙方违约，应按合同交种量种子款的___%向甲方支付违约金。

3、属甲方已申请品种权保护的品种，乙方不得截留、非法利用或转卖。否则，将承担相应的法律责任。

九、其它

本合同经甲方盖章签字，乙方签字后生效。本合同未尽事宜由甲乙双方协商解决，协商不成则可向甲方所在地人民法院提起诉讼。

本合同一式 3 份，甲乙双方各执 1 份，主管部门备案 1 份。每份具有同等法律效力。

甲方单位（盖章）：　　　　　　　　　　乙方（签字）：吴[redacted]

甲方负责人（签字）：[redacted]　　　　乙方身份证号码：

2013 年 3 月 20 日

眉山市东坡区杂交水稻种子生产合同

89

编号：________________

甲方（种业公司）：眉山市东坡区[redacted]水稻专业合作社

乙方（制种户）：王[redacted].

为保护合同当事人的合法权益，根据《中华人民共和国合同法》、《中华人民共和国种子法》等法律法规，甲乙双方在平等自愿基础上，就甲方委托乙方生产杂交稻种子有关事项，达成如下协议，双方共同信守。

一、品种面积

乙方自愿与甲方签订本合同，为甲方生产杂交水稻种子，品种为[illegible]（编号_____号），面积2.2亩，制种地点[redacted]乡（镇）[redacted]村[redacted]组。

甲方按合同约定的种植面积在____年____月____日前供给乙方亲本种子，父本______公斤，母本______公斤。亲本种子价格：父本_____元/公斤，母本_____元/公斤，共计大写___________元（￥______元）。亲本款乙方在领取亲本种子时一次性付清，或在甲方回收种子结算时扣除。乙方不得擅自扩减面积、变更组合和跨区域生产。

二、生产技术

乙方应具备从事杂交水稻种子制种生产技术的基本知识、技术及管理经验。甲方向乙方提供种子生产技术服务，包括制种技术更新、提高、咨询、指导等。

技术服务可选择以下方式：提供参考技术方案；召开例行生产技术会；印发技术资料；新品种制种技术培训；制种技术专题研讨会等。

三、种子质量

（一）质量标准。乙方生产的种子必须达到国标（GB4401.1-2008）要求，即纯度不低于96%、净度不低于98%、发芽率不低于80%以上、水份不高于13%。

（二）质量保障措施。乙方的制种生产必须在甲方统一规划的制种生产区域内进行，制种田块要集中成片，安全隔离。抽穗扬花期要严格去杂去劣，收割晾晒过程要严防机械混杂。甲方要加强监督和检查，发现问题，及时督促乙方采取有效措施予以解决。经甲方检查督促后，乙方没有按规定严格去杂去劣，所产种子存在质量隐患，甲方有权拒收乙方的种子，由此产生的损失由乙方承担。

（三）种子质量保证金。为确保种子质量，乙方同意甲方在当年种子款结算时扣除种子款的10%作为种子质量保证金。乙方生产的种子经分户鉴定合格后，甲方在次年种子款结算时，一并退还乙方；若乙方生产的种子经分户鉴定不合格程度较轻的，甲方可根据不合格的程度扣减乙方种子质量保证金，直至扣完；对分户鉴定不合格程度较重的，甲方可拒绝收购，由此造成的损失由乙方自行承担。

四、种子收购

乙方按本合同约定的面积进行种子生产后，应向甲方交售不低于_____公斤/亩的合格种子。乙方交种数量最高不超过本合同约定交种量的20%，最低不低于本合同约定交种量的20%。甲方对乙方生产的合格种子，应按照本合同约定收购，不得无故拒收。乙方应依据本合同约定，向甲方交售合格种子，不得截留，不得卖给其他单位或个人。因自然灾害造成种子减产，预计交种与正常年份有较大差异时，乙方应提前告知甲方。双方在交种时取样封存，留待鉴定，以备核查种子质量。

交种信誉保证金。为确保完成交种数量，乙方自愿向甲方交纳___元/亩的[redacted]。乙方在______年

注明	[illegible]
提供人	[illegible]
调查人	[illegible]
时间	2016.3.1

90

生产种子面积_____亩，合计向甲方交信誉保证金_________元。信誉保证金的用途是：若乙方没有向甲方交种或交种没有完成合同交种量，甲方将扣减交种信誉保证金，直至扣完。

五、种子价格

经甲乙双方协商，种子收购价格采用以下第__一__方案确定。

（一）种粮比确定。

甲乙双方约定按种粮比的原则定价。本合同乙方生产品种__冈优182__（编号：_____号），收购价格按种子黄谷1：__6__定价，即1公斤种子价格按__6__公斤黄谷价格计价。黄谷价格按本合同年度6月、7月、8月三个月的市场价平均价格确定，黄谷平均价格按眉山市东坡区发改局发布的市场黄谷价为准。

（二）直接定价。

经甲乙双方议定，本合同乙方生产品种_________（编号：_______号），收购价格确定为_____元/公斤，该价格为最终定价，不随其它因素变化而变化。

种款结算。乙方应最迟在_____月____日前按本合同约定完成交种，交种完成后，双方凭甲方发放的入库码单结算种子款，甲方可以组或户为单位预付或结算种子款。种子款在当年11月30日前全部结清。

六、种子风险

种子生产受自然条件影响较大，多种自然因素可能会影响种子产量和质量，主要有苗期低温冻害，赶花期间低温寡照、大雨、绵雨、大风、冰雹，收割期间绵雨、大风、冰雹等，乙方应有心理准备和抗风险措施与能力。受以上自然因素影响造成的种子生产损失由乙方自行承担，甲方不承担补偿责任。甲方应积极协助乙方参加种子保险、理赔等工作，降低风险，减少损失。若甲方错发了亲本，应承担相应的赔偿责任。

七、其它约定

承担[redacted]制种生产的乙方必须在田间邀花结束后将父本上部稻穗全部割除，甲方按乙方F1种子交种量补贴乙方0.80元/公斤。

八、违约责任

1、甲方有下列行为视为违约。未按本合同约定收购乙方质量合格种子；未收购丰收年增收20%以内的质量合格的种子；未能按合同约定期限支付种子款；无充分理由擅自压级压价。甲方违约，应按合同交种量种子款的___%向乙方支付违约金。

2、乙方有下列行为视为违约。未按本合同约定将合格种子交售甲方；擅自向第三方销售本合同所生产的种子；未能在约定时间前交种；无自然灾害，交种比计划减少20%以上；因隔离不合格等原因造成种子报废；未按约定割除父本。乙方违约，应按合同交种量种子款的___%向甲方支付违约金。

3、属甲方已申请品种权保护的品种，乙方不得截留、非法利用或转卖。否则，将承担相应的法律责任。

九、其它

本合同经甲方盖章签字，乙方签字后生效。本合同未尽事宜由甲乙双方协商解决，协商不成则可向甲方所在地人民法院提起诉讼。

本合同一式[redacted]，甲乙双方各执1份，主管部门备案1份。每份具有同等法律效力。

甲方单位（盖章）：　　　　　　　　　乙方（签字）：王[redacted]

甲方负责人（签字）：[redacted]　　　　乙方身份证号码：

2013年3月20日

- 2 -

2014年[redacted]亘优99制种花名册

[redacted]镇

3村	面积
谭[redacted]	3
舒[redacted]	2
谭[redacted]	2
谭[redacted]	2.5
唐[redacted]	2
舒[redacted]	1
小计	12.5
12村	
郭[redacted]	1
杨[redacted]	0.5
王[redacted]	2.5
刘[redacted]	1.5
王[redacted]	2
刘[redacted]	2
刘[redacted]	4.5
刘[redacted]	5.5
龙[redacted]	1
夏[redacted]	1
郭[redacted]	2.5

注明	原件复印
提供人	[redacted]
调查人	[redacted]
时间	2016.3.1

第　　页

12村 面积

刘[redacted]	6
王[redacted]	1
刘[redacted]	4
税[redacted]	4
何[redacted]	1.5
李[redacted]	3
郭[redacted]	1.5
李[redacted]	3
王[redacted]	2
何[redacted]	3
陈[redacted]	3
陈[redacted]	1.5
龙[redacted]	3
赵[redacted]	3
陈[redacted]	4
小计	67.5

以上两村剩余面积共计80亩

注明	原件复印
提供人	陈[redacted]
调查人	蒋[redacted]
时间	2016.3.1

第 页

赢信 YINGXIN 文化纸品

2014年[redacted]县杂交水稻制种

[redacted]乡镇

3村	面积	产量(kg)
谭[redacted]	3	285.5
钟[redacted]	2	125.5
谭[redacted]	2	171
谭[redacted]	2.5	291
唐[redacted]	2	191.5
钟[redacted]	1	117.5
小计	12.5	1182
12村		
郭[redacted]	1	114
杨[redacted]	0.5	71
王[redacted]	2.5	209
刘[redacted]	1.5	212.5
王[redacted]	2	171
刘[redacted]	2	190
刘[redacted]	4.5	473.5

注明	与原件复印
提供人	[redacted]
调查人	[redacted]
时间	2016.3.1

第 8 页

装订线

成都长荣印务有限公司文化用品厂印制

12村	面积	产量
刘	5.5	468.5
龙	1	118
夏	1	127
郭	2.5	221
刘	6	630
王	1	127
刘	4	466
魏	4	282
何	1.5	211.5
李	3	321
郭	1.5	88
李	3	310.5
王	2	127
何	3	310
陈	3	241.5
陈	1.5	152
龙	3	158.5

注明	[illegible]复印
提供人	陈
调查人	[illegible]
时间	2016.3.1

第 页

9

队村	面积	产量(kg)
赵[redacted]	3	235
陈[redacted]	4	338.5
小计	67.5	6384

以上两村剩余面积共计80亩

共计总产 7566kg

注明	[illegible]
提供人	[redacted]
调查人	[redacted]
时间	2016.3.1

四川 种业种子收购凭证

2014 年 9 月 14 日 №0006985

姓名	[redacted]			[redacted] 乡	12 村				社
划码表（净重公斤）									小　计
1	1	1	1	1	1	1	1	1	9
40	40	40	40	40	40	40	40	18.5	338.5
合计	万 ⊘ 千 叁 百 叁 拾 捌 公斤 伍								

一联(黑)存根　二联(兰)会计　三联(红)交种队(农户)

司称：[redacted]　划码：　付款：　领款：

证明	宜化99收种凭证复印件
提供人	[redacted]
调查人	[redacted]
时间	2016.3.1

四川 种业种子收购凭证

2014 年 9 月 14 日 №0006983

姓名	[redacted]			[redacted] 乡	12 村				社
划码表（净重公斤）									小　计
1	1	1	1	1	1				6
40	40	40	40	40	35				235
合计	万 ⊘ 千 贰 百 叁 拾 伍 公斤								

一联(黑)存根　二联(兰)会计　三联(红)交种队(农户)

司称：[redacted]　划码：　付款：　领款：

97

四川[redacted]种业种子收购凭证

2014年9月14日　　№0006982

姓名	[redacted]	[redacted]乡	12村	社					
划码表（净重公斤）									小　计
;	1	1	1						4
40	40	40	38.5						158.5
合计	万 肆 千 壹 百 伍 拾 捌 公斤 伍								

一联(黑)存根　二联(兰)会计　三联(红)交种队(农户)

司称：[illegible]　　划码：　　付款：　　领款：

注　明	宜机99收购凭证复印件
提供人	[redacted]
调查人	[redacted]
时　间	2016.3.1

四川[redacted]种业种子收购凭证

2014年9月14日　　№0006980

姓名	[redacted]	[redacted]乡	12村	社					
划码表（净重公斤）									小　计
;	1	1	1						4
40	40	40	32						152
合计	万 肆 千 壹 百 伍 拾 贰 公斤								

一联(黑)存根　二联(兰)会计　三联(红)交种队(农户)

司称：[illegible]　　划码：　　付款：　　领款：

四川[redacted]种业种子收购凭证

№0006979

2014 年 9 月 14 日

姓名	何[redacted]	[redacted]乡	12 村	社

划码表（净重公斤）									小 计
1	1	1	1	1	1	1			7
40	40	40	40	40	40	1.5			24.5
合计	万 ⊗ 千 贰 百 肆 拾 壹 公斤								

司称：何[redacted]　划码：　付款：　领款：

注 明	与原件复印
提供人	[redacted]
调查人	[redacted]
时 间	2016.3.1

一联（黑）存根　二联（兰）会计　三联（红）交种队（农户）

四川[redacted]种业种子收购凭证

№0006977

2014 年 9 月 14 日

姓名	何[redacted]	[redacted]乡	12 村	社

划码表（净重公斤）									小 计
1	1	1	1	1	1	1	1		8
40	40	40	40	40	40	40	30		310
合计	万 ⊗ 千 叁 百 壹 拾 叁 公斤								

司称：何[redacted]　划码：　付款：　领款：

一联（黑）存根　二联（兰）会计　三联（红）交种队（农户）

四川[redacted]种业种子收购凭证

2014 年 9 月 14 日　　№0006975

姓名	李[redacted]				[redacted]乡 12 村			社	
划码表（净重公斤）									小计
	1	1	1	1	1	1	~~1~~	1	8
40	40	40	40	40	40	40	~~40~~	30.5	310.5
合计	万 ⊘ 千 叁 百 壹 拾 壹 公斤 伍								

一联(黑)存根 二联(兰)会计 三联(红)交种队(农户)

司称：陈　　划码：　　付款：　　领款：

注明	陈件复印
提供人	[redacted]
调查人	唐[redacted]
时间	2016.3.1

四川[redacted]种业种子收购凭证

2014 年 9 月 14 日　　№0006976

姓名	王[redacted]				[redacted]乡 12 村			社	
划码表（净重公斤）									小计
1	1	1	1						4
40	40	40	7						127
合计	万 ⊘ 千 壹 百 贰 拾 柒 公斤								

一联(黑)存根 二联(兰)会计 三联(红)交种队(农户)

司称：　　划码：　　付款：　　领款：

100

四川[redacted]种业种子收购凭证

2014年9月14日　　№0006973

姓名	李[redacted]	[redacted]乡 12 村						社	
划码表（净重公斤）									小　计
1	1	1	1	1	1	1	1	1	9
40	40	40	40	40	40	40	40	1	321
合计	万 ⊘ 千 叁 百 贰 拾 壹 公斤								

司称：[signature]　划码：　付款：　领款：

一联(黑)存根　二联(兰)会计　三联(红)交种队(农户)

注明	[redacted]
提供人	[redacted]
调查人	[redacted]
时间	2016. 3. 1

四川[redacted]种业种子收购凭证

2014年9月14日　　№0006974

姓名	郭[redacted]	[redacted]乡 12 村						社	
划码表（净重公斤）									小　计
1	1	1							3
40	40	8							88
合计	万　千 ⊘ 百 捌 拾 捌 公斤								

司称：[signature]　划码：　付款：　领款：

一联(黑)存根　二联(兰)会计　三联(红)交种队(农户)

四川[redacted]种业种子收购凭证

2014 年 9 月 14 日　　　　№0006971

姓名	陈[redacted]	[redacted] 乡	12 村	社					
划码表（净重公斤）									小　计
1	1	1	1	1	1	1	1		8
40	40	40	40	40	40	40	12		292
合计	万 ⊗ 千 贰 百 ~~柒~~ 玖 拾 贰 公斤								

一联（黑）存根　二联（兰）会计　三联（红）交种队（农户）

司称：陈　　划码：　　付款：

领款	陈仲多印
提供人	陈[redacted]
调查人	蒋[redacted]
时间	2016. 3. 1

四川[redacted]种业种子收购凭证

2014 年 9 月 14 日　　　　№0006972

姓名	何[redacted]	[redacted] 乡	12 村	社					
划码表（净重公斤）									小　计
1	1	1	1	1	1				6
40	40	40	40	40	11.5				211.5
合计	万 ⊗ 千 贰 百 壹 拾 壹 公斤 伍								

一联（黑）存根　二联（兰）会计　三联（红）交种队（农户）

司称：陈　　划码：　　付款：　　领款：

四川　　种业种子收购凭证

2014 年 9 月 14 日　　№0006970

姓名	刘			乡	12	村		社	
划码表（净重公斤）									小计
1 1	1	1	1 1	1	1 1	1	1 1		12
40, 40	40	40	40, 40	40	40	40, 40	40, 26		466
合计	万 ⊗ 千 肆 百 陆 拾 陆 公斤								

司称：陈　　划码：　　付款：　　领款：

一联（黑）存根　二联（兰）会计　三联（红）交种队（农户）

注明	原件复印
提供人	陈
调查人	
时间	2016. 3. 1

四川　　种业种子收购凭证

2014 年 9 月 4 日　　№0006969

姓名	王			乡	12	村		社	
划码表（净重公斤）									小计
1	1	1	1						4
40	40	40	7						127
合计	万 ⊗ 千 壹 百 贰 拾 柒 公斤								

司称：陈　　划码：　　付款：　　领款：

一联（黑）存根　二联（兰）会计　三联（红）交种队（农户）

四川[redacted]种业种子收购凭证

2014 年 9 月 14 日　　　　№0006968

姓名	刘[redacted]	[redacted]乡	12 村	社

划码表（净重公斤）									小计
1 1	1 1	1 1	1 1	1	1 1	1 1	1	1 1 1	16
40, 40,	40, 40,	40, 40,	40, 40,	40, 40,	40, 40,	40, 40,	40,	40, 40, 30,	630

合计　万 ⊗ 千 陆 百 叁 拾 零 公斤

司称：陈　　划码：　　付款：　　领款：

注明	与原件复印
提供人	陈[redacted]
调查人	[illegible]
时间	2016.3.1

四川[redacted]种业种子收购凭证

2014 年 9 月 14 日　　　　№0006967

姓名	郭[redacted]	[redacted]乡	12 村	社

划码表（净重公斤）									小计
1	1	1	1	1	1				6
40	40	40	40	40	21				221

合计　万 ⊗ 千 贰 百 贰 拾 壹 公斤

司称：陈　　划码：　　付款：　　领款：

104

四川[redacted]种业种子收购凭证

2014年9月14日　　№0006966

姓名 [redacted]	[redacted] 乡 12 村 社								
划码表（净重公斤）									小　计
1	1	1	[illegible]						4
40	40	40	7						127
合计	万 ⊗ 千 壹 百 贰 拾 柒 公斤								

一联(黑)存根　二联(兰)会计　三联(红)交种队(农户)

司称：陈[illegible]　　划码：　　付款：　　领款：

注　明	原件复印
提供人	[redacted]
调查人	[redacted]
时　间	2016.3.1

四川[redacted]种业种子收购凭证

2014年9月14日　　№0006965

姓名 [redacted]	[redacted] 乡 12 村 社								
划码表（净重公斤）									小　计
1	1	1							3
40	40	38							118
合计	万 ⊗ 千 壹 百 壹 拾 捌 公斤								

一联(黑)存根　二联(兰)会计　三联(红)交种队(农户)

司称：陈[illegible]　　划码：　　付款：　　领款：

四川[redacted]种业种子收购凭证

2014年9月14日　　№0006964

姓名	刘[redacted]	[redacted]乡	12村	社
划码表（净重公斤）				小　计
1 1 1 1 1 1 1 1 1 1 1 1				12
40、40、40、40、40、40、40、40、40、40、40、28.5				468.5
合计	万 ⊗ 千 肆 百 陆 拾 捌 公斤 伍			

司称：陈　　划码：　　付款：　　领款：

注明	与件复印
提供人	[redacted]
调查人	[redacted]
时间	2016.3.1

四川[redacted]种业种子收购凭证

2014年9月14日　　№0006963

姓名	刘[redacted]	[redacted]乡	12村	社
划码表（净重公斤）				小　计
1 1 1 1 1 1 1 1 1 1 1 1				12
40、40、40、40、40、40、40、40、40、40、40、33.5				473.5
合计	万 ⊗ 千 肆 百 柒 拾 叁 公斤 伍			

司称：陈　　划码：　　付款：　　领款：

一联（黑）存根　二联（兰）会计　三联（红）交种队（农户）

四川[redacted]种业种子收购凭证

2014 年 9 月 14 日　　№0006962

姓名	刘[redacted]		[redacted]乡 12 村 社						
划码表（净重公斤）									小　计
1	1	1	1	1					5
40	40	40	40	30					190
合计	万 ⊗ 千 壹 百 玖 拾 零 公斤								

一联(黑)存根　二联(兰)会计　三联(红)交种队(农户)

司称：　　划码：　　付款：　　领款：

注明	原件复印
提供人	陈[redacted]
调查人	蒋[redacted]
时间	2016.3.1

四川[redacted]种业种子收购凭证

2014 年 9 月 14 日　　№0006961

姓名	王[redacted]		[redacted]乡 12 村 社						
划码表（净重公斤）									小　计
1	1	1	1	1					5
40	40	40	40	11					171
合计	万 ⊗ 千 壹 百 柒 拾 壹 公斤								

一联(黑)存根　二联(兰)会计　三联(红)交种队(农户)

司称：　　划码：　　付款：　　领款：

四川[redacted]种业种子收购凭证

2014 年 9 月 14 日　　№0006959

姓名	王[redacted]	[redacted] 乡 12 村 社							
划码表（净重公斤）									小　计
1	1	1	1	1	1				6
40	40	40	40	40	9				209
合计	万 ⊘ 千 贰 百 零 拾 玖 公斤								

司称：[illegible]　　划码：　　付款：　　领款：

注明	原件复印
提供人	陈[redacted]
调查人	蒋[redacted]
时间	2016.3.1

四川[redacted]种业种子收购凭证

2014 年 9 月 14 日　　№0006960

姓名	刘[redacted]	[redacted] 乡 12 村 社							
划码表（净重公斤）									小　计
1	1	1	1	1	1				6
40	40	40	40	40	12.5				212.5
合计	万 ⊘ 千 贰 百 壹 拾 贰 公斤 伍								

司称：[illegible]　　划码：　　付款：　　领款：

一联（黑）存根　二联（兰）会计　三联（红）交种队（农户）

108

四川[redacted]种业种子收购凭证

2014 年 9 月 14 日　　№0006957

姓名 郭[redacted]			[redacted] 乡 12 村 社						
划码表（净重公斤）									小　计
1	1	1							3
40	40	34							114
合计	万 ⊗ 千 壹 百 壹 拾 肆 公斤								

司称：陈　　划码：　　付款：　　领款：

一联(黑)存根　二联(兰)会计　三联(红)交种队(农户)

注明	陈[redacted]复印
提供人	陈[redacted]
调查人	唐[redacted]滔
时间	2016. 3. 1

四川[redacted]种业种子收购凭证

2014 年 9 月 14 日　　№0006958

姓名 杨[redacted]			[redacted] 乡 12 村 社						
划码表（净重公斤）									小　计
1	1								2
40	31								71
合计	万 千 ⊗ 百 柒 拾 壹 公斤								

司称：陈　　划码：　　付款：　　领款：

一联(黑)存根　二联(兰)会计　三联(红)交种队(农户)

109

四川[redacted]种业种子收购凭证

2014年9月14日　　№0006955

姓名	陈[redacted]	[redacted]乡 3 村 社							
划码表（净重公斤）									小计
1	1	1	1	1					5
40	40	40	40	31.5					191.5
合计	万 零 千 壹 百 玖 拾 壹 公斤 伍								

司称：[illegible]　　划码：　　付款：　　领款：

注明	领款：[illegible]
提供人	[illegible]
调查人	[illegible]
时间	2016.3.1

一联(黑)存根　二联(兰)会计　三联(红)交种队(农户)

四川[redacted]种业种子收购凭证

2014年9月14日　　№0006956

姓名	[redacted]	[redacted]乡 3 村 社							
划码表（净重公斤）									小计
1	1	1							3
40	40	37.5							117.5
合计	万 零 千 壹 百 壹 拾 柒 公斤 伍								

司称：[illegible]　　划码：　　付款：　　领款：

一联(黑)存根　二联(兰)会计　三联(红)交种队(农户)

四川[redacted]种业种子收购凭证

2014 年 9 月 14 日　　№0006953

姓名	谭[redacted]	[redacted] 乡	3 村					社	
划码表（净重公斤）									小　计
	1	1	1	1					5
40	40	40	40	11					171
合计	万 ⊗ 千 壹 百 柒 拾 壹 公斤								

一联（黑）存根　二联（兰）会计　三联（红）交种队（农户）

司称：[signature]　划码：　付款：　领款：

注　明	与件复印
提供人	[redacted]
调查人	[illegible]
时　间	2016. 3. 1

四川[redacted]种业种子收购凭证

2014 年 9 月 14 日　　№0006954

姓名	谭[redacted]	[redacted] 乡	3 村					社	
划码表（净重公斤）									小　计
1	1	1	1	1	1	1	1		8
40	40	40	40	40	40	40	11		291
合计	万 ⊗ 千 贰 百 玖 拾 壹 公斤								

一联（黑）存根　二联（兰）会计　三联（红）交种队（农户）

司称：[signature]　划码：　付款：　领款：

四川[redacted]种业种子收购凭证

2014 年 9 月 1[illegible]日　　№0006951

姓名	谭[redacted]	[redacted]乡	3 村	社					
划码表（净重公斤）									小　计
1	1	1	1	1	1	1	1		8
40	40	40	40	40	40	40	5.5		285.5
合计	万 ⓪ 千 贰 百 捌 拾 伍 公斤 伍								

司称：　　划码：　　付款：

一联（黑）存根　二联（兰）会计　三联（红）交种队（农户）

注明	领款：高钟复印
提供人	[redacted]
调查人	[redacted]
时间	2016. 3. 1

四川[redacted]种业种子收购凭证

2014 年 9 月 1[illegible]日　　№0006952

姓名	谭[redacted]	[redacted]乡	3 村	社					
划码表（净重公斤）									小　计
1	1	1	1						4
40	40	40	5.5						125.5
合计	万 ⓪ 千 壹 百 贰 拾 伍 公斤 伍								

司称：　　划码：　　付款：　　领款：

一联（黑）存根　二联（兰）会计　三联（红）交种队（农户）

案件处理意见书

<table>
<tr><td>案由</td><td colspan="7">生产经营假种子案</td></tr>
<tr><td rowspan="5">当事人</td><td rowspan="3">个人</td><td>姓名</td><td colspan="5"></td></tr>
<tr><td>性别</td><td></td><td>年龄</td><td></td><td>电话</td><td></td></tr>
<tr><td>住址</td><td colspan="5"></td></tr>
<tr><td rowspan="2">单位</td><td>名称</td><td colspan="2">四川[redacted]种业有限责任公司</td><td colspan="2">法定代表人（负责人）</td><td>陈[redacted]</td></tr>
<tr><td>地址</td><td colspan="2">眉山市东坡区[redacted]</td><td colspan="2">电话</td><td>（028）8580[redacted]</td></tr>
<tr><td>案件调查经过</td><td colspan="7">2016年2月26日，我局对当事人生产经营水稻假种子行为展开立案调查，2月28日对当事人生产经营的“冈优336”、“宜优99”水稻种子实施了就地登记保存，3月1日对当事人的委托人进行了询问调查，提取了四川[redacted]种业有限责任公司《主要农作物种子生产许可证》、《农作物种子经营许可证》、《营业执照》、《农作物种子委托制种生产合同》、《种子生产、收购、销售凭证》等相关证据材料。经查：“冈优336”水稻种子是当事人2013年在东坡区[redacted]生产，该批种子生产数量2500公斤，批次编号：20130820，包装规格：50kg/袋，收购价格13.80元/公斤，未销售，现库存2500公斤，货值金额34500.00元；“宜优99”水稻种子是当事人2014年在广安市[redacted]生产，该批种子生产数量7533公斤，批次编号：2014009，包装规格：55 kg/袋，已销售163公斤，销售价格25元/公斤，获销售收入4075.00元，现库存7370公斤。</td></tr>
<tr><td>所附证据材料</td><td colspan="7">1、《眉山市农业局关于依法查处2015年农作物种子监督检查不合格企业的通知》（眉市农函〔2016〕12号）1份
2、《四川省农业厅关于依法查处2015年农作物种子监督检查不合格企业的通知》（川农业函〔2016〕69号）1份
3、2015年冬季企业抽查不合格品种通知单领取记录复印件1份
4、品种真实性检测结果通知单复印件2份
5、种子检验扦样单复印件2份
6、《检验报告》复印件2份
7、扦样问询笔录复印件1份
8、介绍信、身份证、检测结果通知书现场领取记录表复印件各1份
9、询问笔录2份
10、现场检查（勘验）笔录2份
11、证据登记保存清单2份
12、证据提取单2份
13、委托书2份
14、身份证复印件3份
15、四川[redacted]种业有限责任公司营业执照复印件1份
16、主要农作物种子生产许可证复印件1份、农作物种子经营许可证复印件1份
17、冈优336农作物种子委托制种生产合同9份
18、宜优99委托代管生产合同复印件1份
19、宜优99制种花名册复印件1份
20、冈优336入库单4份、宜优99入库单复印件1份、宜优99收购凭证复印件16份、宜优99出库单复印件1份
21、收条复印件2份、领条复印件1份
22、冈优336生产、市场情况报告1份
23、宜优99生产、收购、经营等说明1份
24、种子质量监督抽查结果异议答复单复印件1份</td></tr>
</table>

113

调查结论及处理意见	调查结论：当事人生产经营的“冈优 336”、“宜优 99”水稻种子，属生产经营假种子。 因当事人违法行为发生在 2015 年，应依据 2015 年 11 月 4 日修订前的《中华人民共和国种子法》相关规定处理。当事人生产经营假种子的行为，违反了《中华人民共和国种子法》第四十六条“禁止生产、经营假、劣种子。下列种子为假种子：（二）种子种类、品种、产地与标签标注的内容不符的”之规定，依据《中华人民共和国种子法》第五十九条“违反本法规定，生产、经营假、劣种子的，由县级以上人民政府农业、林业行政主管部门或者工商行政管理机关责令停止生产、经营，没收种子和违法所得，吊销种子生产许可证、种子经营许可证或者营业执照，并处以罚款；有违法所得的，处以违法所得五倍以上十倍以下罚款；没有违法所得的，处以二千元以上五万元以下罚款；构成犯罪的，依法追究刑事责任”之规定，参照《四川省农业行政处罚裁量标准（种子）》第 1 项规定，责令当事人立即停止生产、经营假种子，建议作出如下行政处罚： 1、没收“冈优 336” 水稻种子 2500 公斤，并处罚款 40000.00 元； 2、没收“宜优 99”水稻种子 7370 公斤，没收违法所得 4075.00 元，并处罚款 24450.00 元； 3、以上罚没款合计人民币 68525.00 元（陆万捌仟伍佰贰拾伍元整）。 执法人员签名：[redacted] 2016 年 3 月 7 日
执法机构意见	拟同意调查结论及处理意见 签名：[redacted] 2016 年 3 月 7 日
法制机构意见	同意处理意见。 签名：[redacted] 2016 年 3 月 7 日
执法机关意见	同意。 签名：[redacted] 2016 年 3 月 7 日

眉山市东坡区农业局
行政处罚事先告知书

眉东农（种子）告〔2016〕1号

四川[redacted]种业有限责任公司：

经调查，你公司生产经营假种子一案，违法事实清楚、证据确凿。

2016年2月25日，眉山市东坡区农业局收到眉山市农业局《关于依法查处2015年农作物种子监督检查不合格企业的通知》（眉市农函〔2016〕12号）及相关材料，掌握了在2015年农业部组织的农作物种子企业监督检查行动中，扦取的你公司生产经营的“冈优336”水稻种子和“宜优99”水稻种子品种真实性不合格的情况。其中“冈优336”水稻种子样品经农业部农作物种子质量监督检验测试中心（深圳）检验，检验结论：该种子样品与标准样品相比，均检测48个位点，检出10个差异位点，判定该批次种子标签标注品种名称不真实；“宜优99”水稻种子样品，经农业部农作物种子质量监督检验测试中心（深圳）检验，检验结论：该种子样品与标准样品相比，均检测48个位点，检出8个差异位点，判定该批次种子标签标注品种名称不真实。依据《中华人民共和国种子法》第四十六条“下列种子为假种子：（二）种子种类、品种、产地与标签标注的内容不符的”规定，上述两个种子属假种子。2016年2月26日，经本机关负责人批准，我局对你公司生产经营假种子的行为依法立案调查。

2016年2月28日，对你公司生产经营的“冈优336”、

115

"宜优 99"水稻种子实施了就地登记保存，2016 年 3 月 1 日，对你公司的委托人进行了询问调查，提取了你公司《主要农作物种子生产许可证》、《农作物种子经营许可证》、《营业执照》、《农作物种子委托制种生产合同》、《种子生产、收购、销售凭证》等相关证据材料。

经本机关调查取证，现已查实："冈优 336"水稻种子是你公司 2013 年在东坡区[redacted]生产，该批种子生产数量 2500 公斤，批次编号：20130820，包装规格：50kg/袋，收购价格 13.80 元/公斤，未销售，现库存 2500 公斤，货值金额 34500.00 元；"宜优 99"水稻种子是你公司 2014 年在广安市[redacted]生产，该批种子生产数量 7533 公斤，批次编号：2014009，包装规格：55 kg/袋，已销售 163 公斤，销售价格 25 元/公斤，获销售收入 4075.00 元，现库存 7370 公斤。

因你公司违法行为发生在 2015 年，应依据 2015 年 11 月 4 日修订前的《中华人民共和国种子法》相关规定处理。2016 年 3 月 7 日，我局分管领导组织纪检、矛盾调解中心、法规股、种子站、执法大队负责人及相关人员参加会议，集体讨论了你公司生产经营假种子一案的处理意见。

你公司生产经营假种子的行为，违反了《中华人民共和国种子法》第四十六条"禁止生产、经营假、劣种子。下列种子为假种子：（二）种子种类、品种、产地与标签标注的内容不符的"之规定，依据《中华人民共和国种子法》第五十九条"违反本法规定，生产、经营假、劣种子的，由县级以上人民政府农业、林业行政主管部门或者工商行政管理机关责令停止生产、经营，没收种子和违法所得，吊销种子生产许可证、种子经营许可证或者营业执照，并处以罚款；有违法所得的，处以违法所得五倍以上十倍以下罚款；没有违法所得的，处以二千元以上五万元以下罚款；构成犯罪的，依法追究刑事责任”之规定，参照《四川省农业行政处罚裁量标准（种子）》第 1 项规定，责令你公司立即停止生产、经营假种子，本机关拟作出如下行政处罚：

1、没收“冈优 336” 水稻种子 2500 公斤，并处罚款 40000.00 元；

2、没收“宜优 99”水稻种子 7370 公斤，没收违法所得 4075.00 元，并处罚款 24450.00 元；

3、以上罚没款合计人民币 68525.00 元（陆万捌仟伍佰贰拾伍元整）。

根据《中华人民共和国行政处罚法》第三十一条、三十二条和第四十二条之规定，你公司可在收到本告知书之日起三日内向本机关进行陈述申辩、申请听证，逾期不陈述申辩、申请听证的，视为你公司放弃上述权利。

眉山市东坡区农业局

2016 年 [illegible] 月 9 日

执法机关地址：眉山市东坡区诗书路南段 121 号

联系人：徐[redacted]　蒋[redacted]

电话：3829[redacted]

关于宜优99减轻行政处罚的申请书

眉山市东坡区农业局：

我公司自收到你局对水稻品种宜优99不真实的行政处罚告知后，认真反思，积极主动配合农业执法部门的工作，递交相关材料，主动把种子数量核实清楚。

我公司一向遵照国家相关法律、法规从事种子生产、经营。2014年生产的7533公斤种子，公司只销售了163公斤，销售金额：4075元，余下7370公斤种子，公司立即终止了销售并召回，现存放在本公司种子仓库。没有给任何单位和种植农户造成经济损失。

据据《中华人民共和国行政处罚法》第二十七条之（一），（三）的规定，应当依法从轻或者减轻行政处罚。

再结合《四川省农业行政处罚裁量权适用规则》，第五条之（二），（四）的规定，应当对当事人依法从轻或者减轻行政处罚。

公司恳切地向贵局提出减轻行政处罚申请，希望贵局能切实了解我司的具体情况，给予酌情、从轻处罚。

特此申请

注明	宜优99减轻处罚申[redacted]
提供人	陈[redacted]
调查人	蒋[redacted]
时间	2016.3.11

四川[redacted]种业有限责任公司

2016年3月11日

118

关于冈优336减轻行政处罚的申请书

眉山市东坡区农业局：

我公司自收到你局对公司水稻品种冈优336不合格水稻种子的行政处罚的通知后，认真反思，积极主动配合农业执法部门的工作，递交相关材料，主动把种子数量核实清楚。

我公司一向遵照国家相关法律、法规从事种子生产、经营。2013年生产该批种子，由于市场销售严重萎缩等原因，公司停止了对该批次种子的销售，并将该批种子一直存放在东坡区　　　　　　种子仓库。没有给任何单位和种植农户造成经济损失。

据据《中华人民共和国种子法》2013版第五十九条，没有违法所得的，处以二千元以上五万元以下的罚款。

据据《中华人民共和国行政处罚法》第二十七条之（一）条，（三）条，（四）条。对当事人应当从轻或者减轻行政处罚。

再结合《四川省农业行政处罚裁量权适用规则》，第五条之（二）条，第（四）条。对当事人应当从轻或者减轻行政处罚。

公司恳切的向贵局提出减轻行政处罚申请，希望贵局能切实了解和关助我司的具体情况，给予酌情、从轻处理。

特此申请

注　明	冈优336减轻处罚申请
提供人	吴
调查人	蒋　纪
时　间	2016.3.11

四川　　　种业有限责任公司

2016年3月11日

重大案件集体讨论记录

案　由：生产经营假种子案

案　号：眉东农（种子）罚〔2016〕1号

主持人：李[redacted]（副局长）

记录人：蒋[redacted]（执法大队队员）

参加人员及职务：黎[redacted]（纪检组长）、汪[redacted]（矛盾调解中心主任）、左[redacted]（法规股股长）、田[redacted]（法规股工作人员）、周[redacted]（执法大队队长）、徐[redacted]（执法大队副队长）、宋[redacted]（种子站站长）、李[redacted]（种子站工作人员）。

讨论时间：2016年3月7日

讨论地点：眉山市东坡区农业局三楼会议室

讨论记录：

周[redacted]汇报案情：2016年2月25日，我局收到眉山市农业局《关于依法查处2015年农作物种子监督检查不合格企业的通知》（眉市农函〔2016〕12号）及相关材料，掌握了在2015年农业部组织的农作物种子企业监督检查行动中，扦取的当事人生产经营的“冈优336”水稻种子和“宜优99”水稻种子品种真实性不合格的情况。其中“冈优336”水稻种子样品经农业部农作物种子质量监督检验测试中心（深圳）检验，检验结论：该种子样品与标准样品相比，均检测48个位点，检出10个差异位点，判定该批次种子标签标注品种名称不真实；“宜优99”水稻种子样品，经农业部农作物种子质量监督检验测试中心（深圳）检验，检验结论：该种子样品与标准样品相比，均检测48个位点，检出8个差异位点，判定该批次种子标签标注品种名称不真实。依据《中华人民共和国种子法》第四十六条“下列种子为假种子:(二)种子种类、品种、产地与标签标注的内容不符的”规定，上述两个种子属假种子。2016 年 2 月 26 日，经本机关负责人批准，我局对当事人生产经营假种子的行为依法立案调查。

2016 年 2 月 28 日，对当事人生产经营的“冈优 336”、“宜优 99”水稻种子实施了就地登记保存，2016 年 3 月 1 日，对你公司的委托人进行了询问调查，提取了你公司《主要农作物种子生产许可证》、《农作物种子经营许可证》、《营业执照》、《农作物种子委托制种生产合同》、《种子生产、收购、销售凭证》等相关证据材料。

经本机关调查取证，现已查实:“冈优 336”水稻种子是当事人 2013 年在东坡区[redacted]生产，该批种子生产数量 2500 公斤，批次编号: 20130820，包装规格: 50kg/袋，收购价格 13.80 元/公斤，未销售，现库存 2500 公斤，货值金额 34500.00 元;“宜优 99”水稻种子是当事人 2014 年在广安市[redacted]生产，该批种子生产数量 7533 公斤，批次编号: 2014009，包装规格: 55 kg/袋，已销售 163 公斤，销售价格 25 元/公斤，获销售收入 4075.00 元，现库存 7370 公斤。

因当事人违法行为发生在 2015 年，应依据 2015 年 11 月 4 日修订前的《中华人民共和国种子法》相关规定处理。当事人生产经营假种子的行为，违反了《中华人民共和国种子法》第四十六条“禁止生产、经营假、劣种子。下列种子为假种子：（二）种子种类、品种、产地与标签标注的内容不符的”之规定，依据《中华人民共和国种子法》第五十九条“违反本法规定，生产、经营假、劣种子的，由县级以上人民政府农业、林业行政主管部门或者工商行政管理机关责令停止生产、经营，没收种子和违法所得，吊销种子生产许可证、种子经营许可证或者营业执照，并处以罚款；有违法所得的，处以违法所得五倍以上十倍以下罚款；没有违法所得的，处以二千元以上五万元以下罚款；构成犯罪的，依法追究刑事责任”之规定，参照《四川省农业行政处罚裁量标准（种子）》第 1 项规定，责令当事人立即停止生产、经营假种子，建议作出如下行政处罚：

1、没收“冈优 336” 水稻种子 2500 公斤，并处罚款 40000.00 元；

2、没收“宜优 99”水稻种子 7370 公斤，没收违法所得 4075.00 元，并处罚款 24450.00 元；

3、以上罚没款合计人民币 68525.00 元（陆万捌仟伍佰贰拾伍元整）。

黎　　发言：该案事实清楚，证据充分，法律适用准确。对四川　　种业有限责任公司生产经营假种子行为，应依照《中华人民共和国种子法》规定进行处罚，我同意上述行政处罚。

左　　发言：农作物种子是一项重要的农业生产资料，质量好坏关乎农民群众的切身利益。假劣种子一旦流入农业生产领域，对农业生产影响和农民利益的损害是十分巨大的，作为农业行政主管部门，我们有责任为农民群众把好这道关口，依法严厉打击生产经营假劣种子坑农害农的行为。我也同意上述行政处罚。

汪　：我也同意。

周　：我也同意。

徐　：我也同意。

蒋　：我也同意。

田　：我也同意。

宋　：我也同意。

李　：我也同意。

主持人李　结论意见：既然本案违法事实清楚，证据确凿，适用法律适当，大家没有不同意见，对四川　种业有限责任公司生产经营假种子案应当作出以下行政处罚：

1、没收“冈优 336” 水稻种子 2500 公斤，并处罚款 40000.00 元；

2、没收“宜优 99”水稻种子 7370 公斤，没收违法所得 4075.00 元，并处罚款 24450.00 元；

3、以上罚没款合计人民币 68525.00 元（陆万捌仟伍佰贰拾伍元整）。

参加讨论人员签名：

重大案件集体讨论记录

案由：生产经营假种子案

案号：眉东农（种子）罚〔2016〕1号

主持人：李[redacted]（副局长）

记录人：蒋[redacted]（执法大队队员）

参加人员及职务：黎[redacted]（纪检组长）、汪[redacted]（矛盾调解中心主任）、左[redacted]（法规股股长）、田[redacted]（法规股工作人员）、周[redacted]（执法大队队长）、徐[redacted]（执法大队副队长）、宋[redacted]（种子站站长）、李[redacted]（种子站工作人员）。

讨论时间：2016年5月10日

讨论地点：眉山市东坡区农业局三楼会议室

讨论记录：

周[redacted]汇报案情：2016年2月25日，本机关收到眉山市农业局《关于依法查处2015年农作物种子监督检查不合格企业的通知》（眉市农函〔2016〕12号）及相关材料，掌握了在2015年农业部组织的农作物种子企业监督检查行动中，扦取的当事人生产经营的“冈优336”水稻种子和“宜优99”水稻种子品种真实性不合格的情况。其中“冈优336”水稻种子样品经农业部农作物种子质量监督检验测试中心（深圳）检验，检验结论：该种子样品与标准样品相比，均检测48个位点，检出10个差异位点，判定该批次种子标签标注品种名称不真实；“宜优99”水稻种子样品，经农业部农作物种子质量监督检验测试中心（深圳）检验，检验结论：该种子样品与标准样品相比，均检测48个位点，检出8个差异位点，判定该批次种子标签标注品种名称不真实。依据《中华人民共和国种子法》第四十六条“下列种子为假种子：（二）种子种类、品种、产地与标签标注的内容不符的”规定，以上两个种子属假种子。2016年2月26日，经本机关负责人批准，我局对当事人生产经营假种子的行为依法立案调查。

2016年2月28日，本机关对当事人生产经营的“冈优336”、“宜优99”水稻种子实施了就地登记保存，2016年3月1日，对当事人的委托人进行了询问调查，提取了当事人《主要农作物种子生产许可证》、《农作物种子经营许可证》、《营业执照》、《农作物种子委托制种生产合同》、《种子生产、收购、销售凭证》等相关证据材料。

经本机关调查取证，现已查实：“冈优336”水稻种子是当事人2013年在东坡区[redacted]生产，该批种子生产数量2500公斤，批次编号：20130820，包装规格：50kg/袋，收购价格13.80元/公斤，未销售，现库存2500公斤，货值金额34500.00元；“宜优99”水稻种子是当事人2014年在广安市[redacted]生产，该批种子生产数量7533公斤，批次编号：2014009，包装规格：55 kg/袋，已销售163公斤，销售价格25元/公斤，获销售收入4075.00元，现库存7370公斤。

因当事人违法行为在2015年，应依据2015年11月4日修订前的《中华人民共和国种子法》相关规定处理。当事人生产经营假种子的行为，违反了《中华人民共和国种子法》第四十六条“禁止生产、经营假、劣种子”之规定，应予处罚。2016 年 3 月 7 日，本机关分管领导组织纪检、矛盾调解中心、法规股、种子站、执法大队负责人及相关人员召开专题会议，就当事人生产经营假种子一案的处理进行了集体讨论。依据《中华人民共和国种子法》第五十九条“违反本法规定，生产、经营假、劣种子的，由县级以上人民政府农业、林业行政主管部门或者工商行政管理机关责令停止生产、经营，没收种子和违法所得，吊销种子生产许可证、种子经营许可证或者营业执照，并处以罚款；有违法所得的，处以违法所得五倍以上十倍以下罚款；没有违法所得的，处以二千元以上五万元以下罚款；构成犯罪的，依法追究刑事责任”之规定，拟对当事人进行行政处罚。

2016 年 3 月 9 日，本机关向当事人送达了《行政处罚事先告知书》（眉东农（种子）告〔2016〕1 号），告知拟给予当事人行政处罚的内容及违法事实、理由和依据，告知当事人陈述申辩的权利。3 月 11 日，当事人向本机关书面提交了《关于冈优 336 减轻行政处罚的申请书》、《关于宜优 99 减轻行政处罚的申请书》，当事人认为：公司积极配合农业执法部门对本案的调查；2013 年生产的该批“冈优336”水稻种子，由于市场销售严重萎缩等原因，一直存放在东坡区[redacted]种子仓库，未销售，没有给任何单位和种植户造成经济损失；2014 年生产的 7533 公斤“宜优 99”水稻种子，由于当年制种产量低、亲本纯度不太高，2015 年 3 月，经海南冬季鉴定田间纯度差，公司立即通知经销商将种子全部退回，另有 163 公斤种子已销售，未收到已销售的种子给种植户生产造成经济损失的投诉，未销售的 7370 公斤种子终止了销售并召回，当事人请求减轻行政处罚。本机关认为：鉴于当事人积极配合案件调查，“冈优 336”水稻种子并未销售，且及时停止并召回了未销售的“宜优 99”水稻种子，没有给任何单位和种植户造成危害后果。根据《中华人民共和国行政处罚法》第二十七条“当事人有下列情形之一的，应当依法从轻或者减轻行政处罚：（一）主动消除或者减轻违法行为危害后果的”之规定，根据《四川省农业行政处罚裁量权适用规则》第五条“当事人有下列情形之一的，应当从轻或者减轻行政处罚：（二）主动消除或者减轻违法行为危害后果的”、第六条“当事人有下列情形之一的，可以从轻或者减轻行政处罚：（一）能够主动改正或者及时中止违法行为的”之规定，当事人陈述申辩请求减轻行政处罚的理由予以采纳，可酌情对当事人减轻处罚。参照《四川省农业行政处罚裁量标准（种子）》第 1 项规定，责令当事人立即停止生产、经营假种子，建议作出如下行政处罚：

1、没收“冈优 336”水稻种子2500公斤，并处罚款18000.00元；

2、没收“宜优99”水稻种子7370公斤，没收违法所得4075.00元，并处罚款20375.00元；

3、以上罚没款合计人民币42450.00元（肆万贰仟肆佰伍拾元整）。

黎[redacted]发言：通过听取对四川[redacted]种业有限责任公司生产经营假种子的案情及陈述申辩介绍，当事人能积极配合执法机关调查，生产经营的种子对农业生产没有造成危害，能够及时召回种子消除影响，有减轻和从轻处罚的情形和理由，按照《中华人民共和国行政处罚》的相关规定，我同意上述处罚。

左　　发言：对当事人生产经营假种子一案，鉴于当事人能认识到生产经营假种子的严重性，积极配合案情调查，及时召回种子消除影响，有减轻和从轻处罚的情形和理由，处罚与教育的目的已经达到，我同意上述处罚。

汪　　：我也同意。

周　　：我也同意。

徐　　：我也同意。

蒋　　：我也同意。

田　　：我也同意。

宋　　：我也同意。

李　　：我也同意。

主持人李　结论意见：既然本案违法事实清楚，证据确凿，适用法律适当，大家没有不同意见，对四川　　种业有限责任公司生产经营假种子一案应当作出以下行政处罚：

1、没收“冈优336”水稻种子2500公斤，并处罚款18000.00元；

2、没收“宜优99”水稻种子7370公斤，没收违法所得4075.00元，并处罚款20375.00元；

3、以上罚没款合计人民币42450.00元（肆万贰仟肆佰伍拾元整）。

参加讨论人员签名：

128

行政处罚决定审批表

<table>
<tr><td>案由</td><td colspan="6">生产经营假种子案</td></tr>
<tr><td rowspan="5">当事人</td><td rowspan="3">个人</td><td>姓名</td><td colspan="4"></td></tr>
<tr><td>性别</td><td></td><td>年龄</td><td></td><td>电话</td></tr>
<tr><td>住址</td><td colspan="4"></td></tr>
<tr><td rowspan="2">单位</td><td>名称</td><td colspan="2">四川[redacted]种业有限责任公司</td><td>法定代表人</td><td>陈[redacted]</td></tr>
<tr><td>地址</td><td colspan="2">眉山市东坡区[redacted]</td><td>电话</td><td>（028）8580[redacted]</td></tr>
<tr><td>陈述申辩或听证情况</td><td colspan="6">2016年3月9日，本机关向当事人送达了《行政处罚事先告知书》（眉东农（种子）告〔2016〕1号），告知拟给予当事人行政处罚的内容及违法事实、理由和依据，告知当事人陈述申辩的权利。3月11日，当事人向本机关书面提交了《关于冈优336减轻行政处罚的申请书》、《关于宜优99减轻行政处罚的申请书》，当事人认为：公司积极配合农业执法部门对本案的调查，2013年生产的该批“冈优336”水稻种子，由于市场销售严重萎缩等原因，一直存放在东坡区[redacted]种子仓库，未销售，没有给任何单位和种植户造成经济损失；2014年生产的7533公斤“宜优99”水稻种子，由于当年制种产量低、亲本纯度不太高，2015年3月，经海南冬季鉴定田间纯度差，公司立即通知经销商将种子全部退回，另有163公斤种子已销售，未收到已销售的种子给种植户生产造成经济损失的投诉，未销售的7370公斤种子终止了销售并召回，没有给任何单位和种植户造成经济损失，当事人要求减轻行政处罚。</td></tr>
</table>

129

处理意见	因当事人违法行为发生在 2015 年，应依据 2015 年 11 月 4 日修订前的《中华人民共和国种子法》相关规定处理。当事人生产经营假种子的行为，违反了《中华人民共和国种子法》第四十六条“禁止生产、经营假、劣种子。下列种子为假种子：（二）种子种类、品种、产地与标签标注的内容不符的”之规定。2016 年 5 月 10 日，本机关分管领导再次组织纪检、矛盾调解中心、法规股、种子站、执法大队负责人及相关人员召开专题会议，集体研究讨论当事人请求减轻行政处罚的申请。依据《中华人民共和国种子法》第五十九条“违反本法规定，生产、经营假、劣种子的，由县级以上人民政府农业、林业行政主管部门或者工商行政管理机关责令停止生产、经营，没收种子和违法所得，吊销种子生产许可证、种子经营许可证或者营业执照，并处以罚款；有违法所得的，处以违法所得五倍以上十倍以下罚款；没有违法所得的，处以二千元以上五万元以下罚款；构成犯罪的，依法追究刑事责任”之规定，鉴于当事人积极配合案件调查，“冈优 336”水稻种子并未销售，且及时停止并召回了未销售的“宜优 99”水稻种子，没有给任何单位和种植户造成危害后果。根据《中华人民共和国行政处罚法》第二十七条“当事人有下列情形之一的，应当依法从轻或者减轻行政处罚：（一）主动消除或者减轻违法行为危害后果的”之规定，根据《四川省农业行政处罚裁量权适用规则》第五条“当事人有下列情形之一的，应当从轻或者减轻行政处罚：（二）主动消除或者减轻违法行为危害后果的”、第六条“当事人有下列情形之一的，可以从轻或者减轻行政处罚：（一）能够主动改正或者及时中止违法行为的”之规定。经本机关集体讨论，当事人陈述申辩请求减轻行政处罚的理由予以采纳，可酌情对当事人减轻处罚。参照《四川省农业行政处罚裁量标准（种子）》第 1 项规定，责令当事人立即停止生产、经营假种子，并作出如下行政处罚： 1、没收“冈优336”水稻种子2500公斤，并处罚款18000.00元； 2、没收“宜优99”水稻种子7370公斤，没收违法所得4075.00元，并处罚款20375.00元； 3、以上罚没款合计人民币42450.00元（肆万贰仟肆佰伍拾元整）。 执法人员签名：[redacted] 2016 年 5 月 11 日
执法机构意见	拟同意处罚意见　签名：[redacted] 2016 年 5 月 11 日
法制机构意见	同意处罚意见。　签名：[redacted] 2016 年 5 月 11 日
执法机关意见	同意。　签名：[redacted] 2016 年 5 月 11 日

送 达 回 证

案　　由	生产经营假种子案
受送达人	四川[illegible]种业有限责任公司
送达单位	眉山市东坡区农业局

送达文书及文号	送达地点	送达人	送达方式	收到日期	收件人签名
登记保存物品处理通知书	眉山市东坡区[illegible]	蒋[illegible] 缪[illegible]	直接送达	2016.3.4 2016.3.4	陈[illegible] 吴[illegible]
（以下空白）					

备注	

送 达 回 证

案　　由	生产经营假种子案				
受送达人	四川[redacted]种业有限责任公司				
送达单位	眉山市东坡区农业局				
送达文书及文号	送达地点	送达人	送达方式	收到日期	收件人签名
行政处罚事先告知书 眉东农（种子）告〔2016〕1号	眉山市东坡区[redacted]	蒋[redacted] 张[redacted]	直接送达	2016.3.9 2016.3.9	陈[redacted] 吴[redacted]
（以下空白）					
备注					

送 达 回 证

案　　由	生产经营假种子案				
受送达人	四川[redacted]种业有限责任公司				
送达单位	眉山市东坡区农业局				
送达文书及文号	送达地点	送达人	送达方式	收到日期	收件人签名
行政处罚决定书 眉东农（种子）罚〔2016〕1号	眉山市东坡区[redacted]	蒋[redacted] 郑[redacted]	直接送达	2016.5.13 2016.5.13	吴[redacted] 陈[redacted]
（以下空白）					
备注					

中国农业银行
AGRICULTURAL BANK OF CHINA

133

中国农业银行转账业务客户回执

受理终端：	0422[redacted]
交易类型：	转账业务
受理账号：	6228 4540 [redacted]
客户姓名：	尹[redacted]
收款方账号：	2313 3991 [redacted]
收款方户名：	眉山市东坡区财政局非税收入专户
汇款金额：	￥42,450.00元
手续费：	￥18.00元
币种：	人民币
加急标识：	加急
收款方行别：	中国工商银行
附言：	农业罚款
受理日期/时间：	2016/05/19 15:25:32
交易结果：	成功

2016.05.19

2016.05.19

咨询请致电客服：95599 感谢使用。

尹[redacted]系四川[redacted]公司员工代为转款。

2016年5月19日

川财 1102

0123700140

四川省行政、刑事处罚罚没票据

填制日期：2016年5月19日

处罚决定书号：眉东农（种子）罚[illegible]

被处罚人：四川[redacted][illegible]		金额（小写）								
处罚摘要		百	十	万	千	百	十	元	角	分
[illegible]										
合计金额（大写） 零佰零拾肆万贰仟肆佰伍拾零元零角零分		￥		4	2	4	5	0	0	0

执法单位：（印章） 执法人：[illegible] 被处罚人：[redacted]

第二联 交被处罚单位或个人

原件复印 2016年5月19日 [redacted]

眉山市东坡区农业局

〔2016〕—15

眉山市东坡区农业局
关于移交依法没收的水稻假种子的函

区国资局:

2016年2月25日，我局收到眉山市农业局《关于依法查处2015年农作物种子监督检查不合格企业的通知》(眉市农函〔2016〕12号）及相关材料。2月26日，我局对四川[redacted]种业有限责任公司生产经营假种子一案，依法进行了立案调查，经查，四川[redacted]种业有限责任公司生产经营“冈优336”、“宜优99”水稻假种子行为，违反了《中华人民共和国种子法》相关规定，5月12日，我局对四川[redacted]种业有限责任公司依法作出《行政处罚决定书》（眉东农（种子）罚〔2016〕1号），处罚内容：处罚没款42450.00元；没收“冈优336”水稻种子2500公斤，没收“宜优99”水稻种子7370公斤，共计9870公斤。2016年5月19日，四川[redacted]种业有限责任公司已将罚没款42450.00元缴纳至指定银行账号。

按照眉山市《罚没财物管理暂行办法》相关规定，该批没收

155

种子应由同级国资部门负责核查和处置。由于该批种子系不合格的假种子，不得作为生产用种，因此建议作转商处理，现移交贵局按规定处置。

附件：1.《眉山市东坡区农业局行政处罚决定书》（眉东农（种子）罚〔2016〕1号）1份

2.《证据保存清单》复印件2份

3.《登记保存物品处理通知书》复印件1份

4.《四川省行政、刑事处罚罚没票据》复印件1份

眉山市东坡区农业局

2016年5月20日

罚没水稻假种子转让协议

出让方：眉山市东坡区国有资产监督管理局

法定代表人：刘[redacted]　　联系电话：3879[redacted]

受让方：

法定代表人：李[redacted]　　联系电话：138[redacted]

见证方：眉山市东坡区农业局

法定代表人：　秦[redacted]　　联系电话：3829[redacted]

2016年5月20日，眉山市东坡区农业局把在四川[redacted]种业有限责任公司罚没的“冈优336”和“宜优99”水稻假种子共计9870公斤（以实际称重为准），交由眉山市东坡区国有资产监督管理局进行处置。眉山市东坡区国有资产监督管理局按照《眉山市东坡区国有资产管理办法》第二十三条的规定，由于该假种子不能用于用于种业，只能转商作他用，价值较低，对这部分罚没水稻假种子进行协议处置。

根据《中华人民共和国合同法》的规定，出让方和受让方本着平等、自愿、有偿的原则，签订本协议。

一、本协议所指的罚没水稻种子系假种子，不能作生产用种（必须进行脱壳或粉碎处理），且受让方不得对上述水稻假种子进行二次转让，否则，受让方独立承担由此造成的一切法律和经济责任；

二、眉山市东坡区农业局解封上述罚没假种子后，出让

131

方、受让方和见证方现场进行称重，共计 9870 公斤。

三、转让单价 1.05 元/公斤，合计转让款壹万零叁佰陆拾叁元整（¥10363 .00），签订协议时，受让方一次性付给出让方。

收款人：眉山市东坡区财政局非税收入专户，账号：1252[redacted]，开户银行：中国银行眉山支行营业部。

四、水稻假种子转让给受让方后，涉及的守护、安全、运输、税金、租金等责任及费用概由受让方自行承担。

五、本协议从三方签字或盖章之日起生效。

六、本协议一式三份，出让方、受让方、见证方各执一份，均有相同法律效力。

出让方（章）：眉山市东坡区国有资产监督管理局

代表：[redacted]

受让方（章）：

代表：[redacted]

见证方（章）：眉山市东坡区农业局

代表：[redacted]

签订时间：2016 年 5 月 24 日

罚没水稻种子处理图片

注　明	现场拍摄．提取(东坝区[illegible]种子超市) 曲佑336
提供人	同货商提供
调查人	蒋[illegible] 张[illegible]
时　间	2016．5．24

罚没水稻种子处理图片

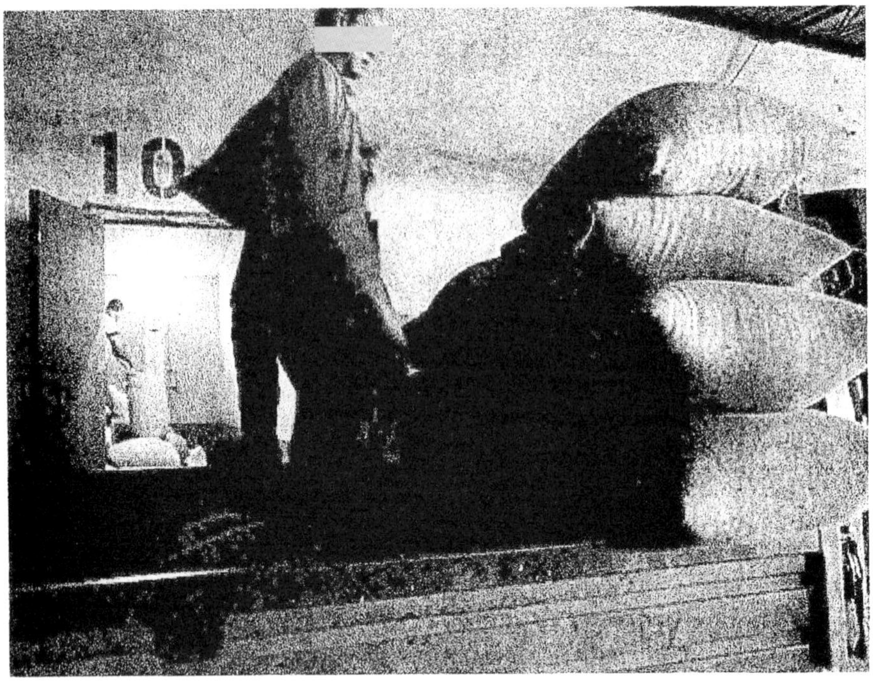

注　明	现场拍摄，提取（彭山区[redacted]种子仓库）宜优99
提供人	国资局提供
调查人	蒋[redacted]　徐[redacted]
时　间	2016. 5. 24

1422

中国银行 BANK OF CHINA

现金缴款单

银行打印	交易日期：2016/05/25　起息日期：2016/05/25　交易流水号：08782642　原交易流水号： 交易名称：无折现金存款　　交易代码：01010 收款单位名称：眉山市东坡区财政局非税收入专户 收款单位账号：1252　　卡号： 收款单位开户行名称：中国银行眉山眉州大道支行 金额（大写）：人民币壹万零叁佰陆拾叁元整 金额（小写）：CNY ¥10,363.00 缴款人信息： 摘要：　　客户签字： 银行签章： 核准：　　经办：　　交易机构：	第二联 客户留存

客户填写	客户名称	眉山市东坡区财政局非税收入专户			
	账号		开户行		
	币种		金额	大写	壹万零叁佰陆拾叁元
				小写	10,363
	来源		摘要		

注：罚没补交款项 国资局拍卖

19-26 成都票务科技有限公司

川财0102

四川省政府非税收入一般缴款书（收据）4 51

验证码：

填制日期：　年　月　日　单位名称：　　单位编码：

付款人	全称		收款人	全称		此联为收款单位付给缴款人的收据
	账号			账号		
	开户银行			开户银行		
金额（大写）	仟 佰 拾 万 仟 佰 拾 元 角 分		千百十万千百十元角分			
项目编码	项目名称	计费单位	收费数量	计费标准	金额	
执收单位盖章：				经办人盖章：		

注：限30日内交款有效。

行政处罚结案报告

案由	生产经营假种子案		
当事人	四川[redacted]种业有限责任公司		
立案时间	2016 年 2 月 26 日	处罚决定送达时间	2016 年 5 月 13 日

处罚决定:

当事人生产经营假种子案已于 2016 年 3 月 7 日调查完毕，2016 年 5 月 13 日向当事人送达《眉山市东坡区农业局行政处罚决定书》(眉东农(种子)罚〔2016〕1 号)，对其作出如下行政处罚:

1、没收“冈优336”水稻种子2500公斤,并处罚款18000.00元;

2、没收“宜优99”水稻种子7370公斤,没收违法所得4075.00元，并处罚款20375.00元;

3、以上罚没款合计人民币42450.00元（肆万贰仟肆佰伍拾元整）。

执行情况:

当事人已于 2016 年 5 月 19 日将罚没款 42450.00 元缴纳至指定银行。涉案杂交水稻种子于 2016 年 5 月 20 日移交眉山市东坡区国有资产监督管理局按相关规定处理，所得款项于 2016 年 5 月 25 日上缴国库，本案相关处罚已经全部执行完毕，现申请结案。

执法人员签名: [redacted]

2016 年 5 月 26 日

执法机构意见	同意结案 签名: [redacted] 2016 年 5 月 26 日
执法机关意见	同意。 签名: [redacted] 2016 年 5 月 26 日

卷内备考表

本案卷共有文件材料 141 页，其中：文字材料 137 页，图样材料 4 页，照片 8 张。

说明：

立卷人：[redacted]

2016年 5 月 30 日

审核人：[redacted]

2016年 5 月 30 日

案例二　未取得生产许可证生产饲料案

一、案情简介

2016 年 4 月 8 日，农业部中国兽医药品监察所对浙江某生物股份有限公司飞行检查兽药生产情况，浙江省执法总队和海宁市执法人员陪同，在检查兽药成品仓库时，执法人员发现两桶饲料的生产许可证号为饲预(2010)5843，规格 20 公斤/桶，生产日期 2015 年 12 月 30 日，批号 415123002。经核实，该公司的添加剂预混合饲料生产许可有效期至 2015 年 4 月 19 日，到期后，该公司未续展。海宁市农经局对该公司涉嫌未取得生产许可证生产饲料的行为予以立案调查。

据调查，该公司自 2015 年 4 月 20 日至案发，共生产该饲料 2000 公斤，每次销售因客户和地区不同而单价也不同，销售款按实际收入认定，最终，执法机关认定当事人违法生产饲料的货值金额为 109298.8 元，违法所得 64362.26 元。当事人的行为违反了《饲料和饲料添加剂管理条例》第十五条第三款之规定，依照《饲料和饲料添加剂管理条例》第三十八条第一款的规定，海宁市农业经济局作出了如下处罚决定：没收违法生产的饲料 730.8 公斤；没收违法所得 64362.26 元；处货值金额 6 倍罚款，计 655792.8 元。罚没款共计 720155.06 元。

二、简要点评

1. **执法检查细致**。执法检查是行政处罚案件的重要来源之一。在日常执法检查要注重细节，从细微处发现问题。本案 2 桶饲料存放在兽药成品仓库中已属不正常，虽然量少，不显眼，但执法人员凭着职业敏感性，抓住小线索细查深究，终于查获大案。

2. **取证及时**。执法人员通过查看当事人生产记录台账，提取与税务联网的销售记录，及时有效固定生产数量证据。另对涉及生产该饲料的工人、仓库管理员和原材料管理人员分别询问，一一印证生产的饲料批次和数量，形成充分、完整的证据链，为最终确认生产货值打下坚实的基础。

3. **行政处罚宽严相济**。本案当事人是当地引进的高科技企业，每年有政府的财政补贴，对其从严作出货值 6 倍的处罚，并没收违法所得和违法生产的产品。在产品价格认定上，按照有利于当事人的原则，对其库存产品按2015—2016年最低价格计算货值，对已销售的产品价格按税后价计算货值。当事人积极配合，主动召回已销售但未使用的饲料，执法机关在衡量处罚决定时予以考量。

4. 文书制作规范。本案《行政处罚决定书》按照说理性要求制作，表述事实准确，逻辑层次清楚，对每一项证据加以说明，让当事人充分认识到违法行为的严重性，使其理解和接受行政处罚，从而自觉履行处罚决定。

三、处罚案卷

海宁市农业经济局

行政处罚案件档案

案件名称	关于浙江[redacted]生物股份有限公司 未取得生产许可证生产饲料案 海农（饲料）罚〔2016〕2号
处理结果	1、没收违法所得陆万肆仟叁佰陆拾贰元贰角陆分（64362.26元）； 2、没收违法生产的“[redacted]”猪用肉质改良预混合饲料730.8公斤； 3、处货值金额6倍罚款，计陆拾伍万伍仟柒佰玖拾贰元八角（655792.8元）

自2016年4月08日至2016年6月15日止	保管期限	30年
本案共1卷，本卷为第1卷 1件 147页	归档号	〔2016〕2号

全宗号	类别号	案卷号
159	饲料	2

行政执法卷宗目录

序号	名　　　　　　　　　称	页　　次
1	行政处罚决定书	1-6
2	行政处罚立案审批表	7
3	执法人员农业行政执法证复印件	8
4	营业执照（副本）复印件	9
5	全国企业信用信息公示系统打印件	10-11
6	法定代表人询问笔录和居民身份证复印件	12-15
7	委托书	16
8	询问笔录和居民身份证复印件	17-37
9	农业行政执法巡查记录表复印件	38
10	案件协查报告	39
11	添加剂预混合饲料生产许可证复印件	40
12	产品标签复印件	41
13	浙江省农业投入品抽样单	42
14	浙江省兽药饲料监察所检验报告	43-46
15	资料签收单	47
16	现场检查笔录	48-50
17	厂区总图	51
18	产品照片	52-53
19	成品库卡	54
20	检验报告单（批号415123002）	55-59
21	销售出库记录	60
22	发货单	61

行政执法卷宗目录

海宁市农业经济局
行政处罚决定书

海农（饲料）罚〔2016〕2号

当事人：浙江[redacted]生物股份有限公司

地址：海宁市[redacted]镇（[redacted]区）[redacted]

法定代表人：陈[redacted]　联系电话：139[redacted]

2016年4月8日，本机关执法人员在执法检查中发现当事人生产的“[redacted]”猪用肉质改良预混合饲料（以下简称“[redacted]”饲料）2桶，规格20kg/桶，其成品库卡显示生产日期2015年12月30日，批号415123002，数量1000公斤，在2015年12月31日、2016年4月5日分别销售了300公斤，2016年1月21日、27日车间领用360公斤。当事人的添加剂预混合饲料生产许可证有效期至2015年4月19日。2016年4月8日，本机关对当事人未取得生产许可证生产饲料的行为予以立案调查。

经调查取证证实，2015年4月20日至案发，当事人共生产“[redacted]”饲料2个批次，共计2000公斤，其中批号415123001有1000公斤，已全部出售，在2016年5月24日召回的690.8公斤中有90.8公斤为该批号产品，即销售了909.2公斤，单价为70.79元/公斤，得销售款64362.26元，该批号产品货值70790元；批号415123002有1000公斤，在2015年12月31日、2016年4月5日共销售600公斤，在2016年5月24日召回的690.8公斤中有600公斤为该批号产品，2016年1月21日、27日车间领用360公斤供安吉县牧业有限公司做试验用，即违法生产了640公斤，该批号产品货值根据当事人的最低销售单价60.17元/公斤计算，货值为38508.8元。这两个批号的产品共计违法所得64362.26元，货值109298.8元。

以上事实有下列证据证实：

1、2016年4月8日，农业行政执法巡查记录表2页，证明案件的来源；

2、2016年4月8、11日，浙江生物股份有限公司营业执照（副本）复印件、法定代表人陈居民身份证复印件各1份，证明当事人是本案的违法主体；

3、2016年4月8日，全国企业信用信息公示系统打印件1份，证明当事人在2015年10月23日变更企业名称，由浙江动物药品有限公司变更为浙江生物股份有限公司；

4、2016年4月11、14日，法定代表人陈询问笔录、委托书、被委托人程身份证复印件各1分，证明被委托人受法人委托全权处理此案相关事宜；

5、2016年4月8日，添加剂预混合饲料生产许可证复印件1份，证明当事人的生产许可证已过期；

6、2016年4月8日，产品标签复印件1份，证明“”饲料的有效成分和使用的生产许可证号；

7、2016年4月8日和5月16日，浙江省农业投入品抽样单、检验报告、资料签收单各1份，证明抽检的“”饲料没有违禁药物，当事人对检验结果无异议；

8、2016年4月15日，饲料车间现场检查笔录和厂区总图各1份，照片3张，证明“[redacted]”饲料剩余数量、产品信息及存放位置；

9、2016年4月13日，留样室现场检查笔录1份，证明未找到“[redacted]”饲料的留样样品；

10、2016年4月13日，车间现场检查笔录、烟酸铬物料收发明细表、酵母硒物料收发明细表、酵母粉物料收发明细表各1份，证明生产“[redacted]”饲料的原料已用完；

11、2016年4月15日，销售出库记录1份，证明当事人销售的“[redacted]”饲料批号、数量、去向和单价，单价包括68元/公斤和80元/公斤两种；

12、2016年4月14日，生产指令单、领料单、成品入库单各1份，浙江[redacted]动物药品有限公司检验报告单3份，证明当事人在2015年4月9日生产了“[redacted]”饲料5000公斤；

13、2016年4月14日，“[redacted]”饲料发货单5份，证明销售出库记录上的“批号”是指发货单的单据号；

14、2016年4月26日，“[redacted]”物料收发明细表1份，证明当事人在2015年4月20日至案发入库、销售、结存的“[redacted]”饲料数量；

15、2016年4月15日，协查函2份，5月5日协查复函1份，证明当事人销售给北京[redacted]生物科技股份公司的“[redacted]”饲料为2015年3月28日生产；

16、2016年4月14日，浙江[redacted]动物药品有限公司检验报告单 1 份，证明批号 415123002 的“[redacted]”饲料生产时间、生产数量；

17、2016 年 4 月 8 日，“[redacted]”成品库卡 1 份，证明批号 415123002 的“[redacted]”饲料的生产时间、生产数量、销售和车间领用数量；

18、2016 年 4 月 8 日，浙江增值税普通发票复印件 13 份，证明当事人开具的“[redacted]”饲料增值税普通发票的价格有 60.17 元/公斤和 70.79 元/公斤两种。本机关根据《中华人民共和国增值税暂行条例》第六条“销售额为纳税人销售货物或者应税劳务向购买方收取的全部价款和价外费用，但不包括收取的销项税额”规定 ，本案的违法所得和货值的认定以增值税发票的价格为准。其中批号 415123001 有 1000 公斤已出具发票，货值价格按 70.79 元/公斤。批号 415123002 有 600 公斤没有出具发票，货值价格按 60.17 元/公斤；

19、2016 年 4 月 14 日，被委托人程[redacted]询问笔录 1 份，证明当事人对销售出库记录“批号”为发货单单据号的说明，对无证生产“[redacted]”饲料的事实和生产数量、销售数量、发票的认可，批号 415123001 有 1000 公斤已出具发票，批号 415123002 有 600 公斤没有出具发票；

20、2016 年 4 月 13 日，生产车间主任罗[redacted]询问笔录、居民身份证复印件各 1 份，证明当事人对“[redacted]”饲料原料配方、生产过程、无证生产、车间领用的认可；

21、2016 年 4 月 26 日，财务总监陈[redacted]询问笔录、居

民身份证复印件各1份，证明当事人对销售出库记录“批号”栏的录入内容；

22、2016年5月25日，技术开发（合作）合同复印件、安吉县[redacted]牧业有限公司关于“[redacted]”饲料试验情况说明、技术部经理王[redacted]询问笔录、居民身份证复印件各1份，证明“[redacted]”饲料车间领用的用途；

23、2016年5月25日，储运单1份，召回产品照片3张，证明当事人召回的产品数量。

本机关认为以上证据符合最高人民法院关于行政诉讼证据若干问题的规定，证明当事人的上述行为违反了《饲料和饲料添加剂管理条例》第十五条第三款“生产许可证有效期为5年。生产许可证有效期满需要继续生产饲料、饲料添加剂的，应当在有效期届满6个月前申请续展。”的规定，已构成违法。由于当事人涉案金额较大，当事人属初次违法，且主动召回部分已销售产品，未造成严重危害后果，经本机关案审委讨论，形成结论性意见：(一)当事人用于试验的360公斤饲料不计入违法货值；(二)没收违法所得和库存饲料；(三)处货值金额6倍罚款。

2016年6月2日，本机关向当事人送达海宁市农业经济局行政处罚事先告知书：海农(饲料)告〔2016〕2号，当事人在规定时间内未向本机关提出陈述申辩和听证。

依照《饲料和饲料添加剂管理条例》第三十八条第一款“未取得生产许可证生产饲料、饲料添加剂的，由县级以上地方人民政府饲料管理部门责令停止生产，没收违法所得、违法生产的产品和用于违法生产饲料的饲料原料、单一饲料、饲料添加剂、药物饲料添加剂、添加剂预混合饲料以及用于违法生产饲料添加剂的原料，违法生产的产品货值金额不足1万元的，并处1万元以上5万元以下罚款，货值金额1万元以上的，并处货值金额5倍以上10倍以下罚款；情节严重的，没收其生产设备，生产企业的主要负责人和直接负责的主管人员10年内不得从事饲料、饲料添加剂生产、经营活动。”的规定，本机关责令当事人改正违法行为，并作出如下处罚决定：

1、没收违法所得陆万肆仟叁佰陆拾贰元贰角陆分（64362.26元）；

2、没收违法生产的“[redacted]”猪用肉质改良预混合饲料730.8公斤；

3、处货值金额6倍罚款，计陆拾伍万伍仟柒佰玖拾贰元八角（655792.8元）

以上罚没款共计柒拾贰万零壹佰伍拾伍元零陆分（720155.06元）。

当事人自收到本处罚决定书之日起15日内，持本决定书到中国农业银行海宁支行（地址：海宁市海昌路100号），帐号350101[redacted]缴纳罚款。逾期不缴纳罚款，依据《中华人民共和国行政处罚法》第五十一条第一项规定每日按罚款数额的3%加处罚款。

当事人如不服本处罚决定，可在收到本处罚决定书之日起60日内向海宁市人民政府或嘉兴市农业经济局申请行政

6

复议；或者六个月内向海宁市人民法院提起行政诉讼。行政复议和行政诉讼期间，本处罚决定不停止执行。

逾期不申请行政复议，也不提起行政诉讼，又不履行行政处罚决定的，本机关将依法申请人民法院强制执行。

海宁市农业经济局

2016年6月8日

7

立案审批表

海农（饲料）立〔2016〕2号

<table>
<tr><td>案由</td><td colspan="5">涉嫌未取得生产许可证生产饲料案</td><td>案件来源</td><td colspan="2">检查发现</td></tr>
<tr><td rowspan="4">当事人</td><td>单位名称</td><td colspan="3">浙江[redacted]生物股份有限公司</td><td>法定代表人（负责人）</td><td>陈[redacted]</td><td>职务</td><td>/</td></tr>
<tr><td>姓 名</td><td>/</td><td>性别</td><td>/</td><td>职业 /</td><td>身份证号码</td><td colspan="2">330[redacted]</td></tr>
<tr><td>工作单位</td><td colspan="4">/</td><td>电话</td><td colspan="3">139[redacted]</td></tr>
<tr><td>地址（住所）</td><td colspan="4">浙江省海宁市[redacted]</td><td>邮编</td><td colspan="3">31[redacted]</td></tr>
<tr><td>案件简要情况</td><td colspan="8">本机关执法人员于2016年4月8日，在浙江[redacted]生物股份有限公司饲料车间（公司平面图标识为饲料车间）检查时，发现当事人生产的“[redacted]猪用肉质改良预混合饲料”2桶，规格20kg/桶，其成品库卡显示生产日期是2015年12月30日，批号415123002，数量1000公斤，2015年12月31日、2016年4月5日分别销售300公斤，2016年1月21日、27日车间领用360公斤。当事人的添加剂预混合饲料生产许可证有效期至2015年4月19日，当事人的行为涉嫌违反《饲料和饲料添加剂管理条例》第十五条第三款的规定，应当给予行政处罚，建议立案查处 。</td></tr>
<tr><td>承办人意见</td><td colspan="8">建议立案查处
周[redacted]
签字：[redacted] 2016年4月08日</td></tr>
<tr><td>承办机构审核意见</td><td colspan="8">同意上报。
签字：[redacted] 2016年4月08日</td></tr>
<tr><td>法制机构审核意见</td><td colspan="8">同意报批
签字：[redacted] 2016年4月08日</td></tr>
<tr><td>行政机关负责人审批意见</td><td colspan="8">同意。
签字：[redacted] 2016年4月08日</td></tr>
</table>

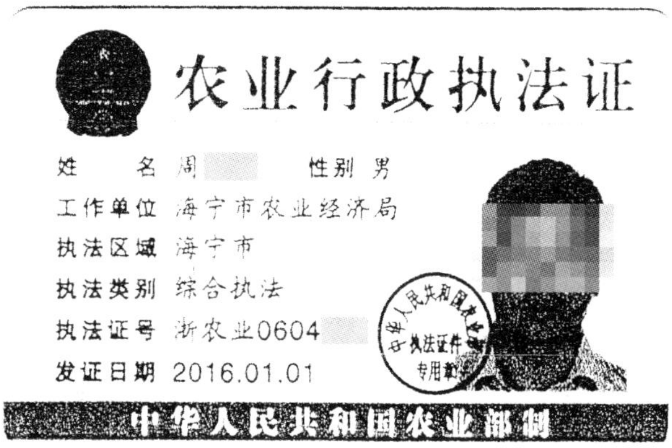

农业行政执法证

姓　　名　周[redacted]　性别　男
工作单位　海宁市农业经济局
执法区域　海宁市
执法类别　综合执法
执法证号　浙农业0604[redacted]
发证日期　2016.01.01

中华人民共和国农业部制

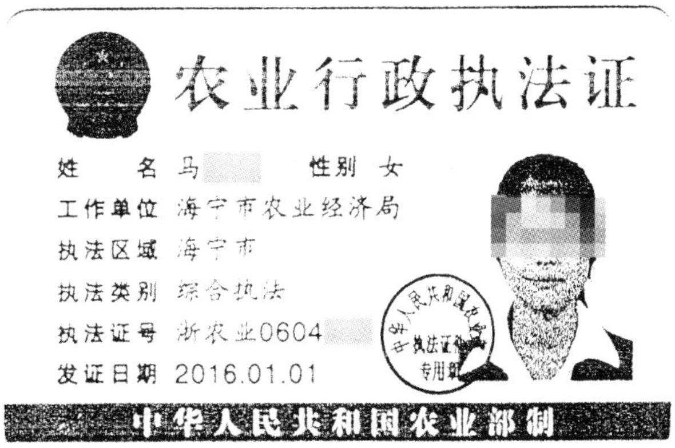

农业行政执法证

姓　　名　马[redacted]　性别　女
工作单位　海宁市农业经济局
执法区域　海宁市
执法类别　综合执法
执法证号　浙农业0604[redacted]
发证日期　2016.01.01

中华人民共和国农业部制

此复印件与原件一致。
程[redacted] 2016.4.18

执法人员：周[redacted]
马[redacted]

营业执照

统一社会信用代码 00007[redacted] (1/1)

(副　本)

名　　　称　浙江[redacted]生物股份有限公司

类　　　型　股份有限公司（中外合资、未上市）

住　　　所　海宁市长安镇[redacted]

法定代表人　陈[redacted]

注 册 资 本　陆仟万人民币

成 立 日 期　2001年10月11日

营 业 期 限　2001年10月11日 至 长期

经 营 范 围　预混剂、非无菌原料药（详见《兽药生产许可证》）、副产品二甲基甲酰胺制造、加工；兽药（兽用化学药品、中药制剂、外用杀虫剂、消毒剂、生化药品）批发（详见《兽药经营许可证》）；饲料及添加剂、化工产品（不含危险化学品及易制毒化学品）批发；生物技术及产品的技术开发、技术咨询、技术服务、成果转让。上述商品涉及行政许可的凭许可证经营。（依法须经批准的项目，经相关部门批准后方可开展经营活动）

登 记 机 关　浙江省工商行政管理局

2015 年 10 月 23 日

应当于每年1月1日至6月30日通过浙江省企业信用信息公示系统报送上一年度年度报告

企业信用信息公示系统网址：http://gsxt.zjaic.gov.cn　　中华人民共和国国家工商行政管理总局监制

此证据是执法人员从(浙江)全国企业信用信息公示系统中查询到浙江[redacted]生物股份有限公司变更前的名称。

执法人员：周[redacted]

马[redacted]

浙江[redacted]生物股份有限公司　　注册号：33048[redacted]

工商公示信息 | 登记信息 | 备案信息 | 动产抵押登记信息 | 股权出质登记信息 | 行政处罚信息 | 经营异常信息 | 严重违法信息 | 抽查检查信息

企业公示信息

基本信息

统一社会信用代码/注册号	913300[redacted]	名称	浙江[redacted]生物股份有限公司
类型	股份有限公司（中外合资、未上市）	法定代表人	陈[redacted]
注册资本	6000 万元人民币	成立日期	2001年10月11日
住所	海宁市长安镇[redacted]		
经营期限自	2001年10月11日	经营期限至	
经营范围	预混剂、非无菌原料药（详见《兽药生产许可证》）、副产品二甲基甲酰胺制造、加工；兽药（兽用化学药品、中药制剂、外用杀虫剂、消毒剂、生化药品）批发（详见《兽药经营许可证》）；饲料及添加剂、化工产品（不含危险化学品及易制毒化学品）批发；生物技术及产品的技术开发、技术咨询、技术服务、成果转让。上述商品涉及行政许可的凭许可证经营。		
登记机关	浙江省工商行政管理局	核准日期	2016年05月13日
登记状态	存续		

股东信息

股东的出资信息截止2014年2月28日。2014年2月28日之后工商只公示股东姓名，其他出资信息由企业自行公示。

股东类型	股东	证照/证件类型	证照/证件号码	详情

其他部门公示信息				
	[illegible]	[illegible]		
	[illegible]	[illegible]		
	企业法人	生物技术有限公司		
	企业法人	上海 股权投资基金合伙企业（有限合伙）	31000	
	企业法人	上海 晨富投资合伙企业（有限合伙）	31010	

变更信息

变更事项	变更前内容	变更后内容	变更日期
名称变更	浙江 动物药品有限公司	浙江 生物股份有限公司	2015年10月23日
注册资本(金)变更	2392.341	6000	2015年10月23日
实收资本变更	2105.26	6000	2015年10月23日
营业期限(有效期限、驻在期限)变更	营业期限：2001-10-11 至 2 更多	营业期限：2001-10-11 至 更多	2015年10月23日
	注册号：330481000004128 更多	统一社会信用代码:9133 更多	2015年10月23日

共4页 首页 上一页 下一页 尾页

司法协助公示信息

执法人员：周
马

011

询问笔录

询问时间：2016 年 4 月 11 日 14 时 00 分至 14 时 25 分

询问地点：浙江 生物股份有限公司

询问机关：海宁市农业经济局

询问人：周 执法证件号：浙农业 060

马 浙农业 060

记录人：马

被询问人：姓名 陈 性别 男 年龄 51

身份证号 330 联系电话 139

工作单位 浙江 生物股份有限公司

职务 法人代表

住址 浙江省杭州市西湖区

问：我们是海宁农业经济局执法人员（出示执法证件），现依法向你进行询问调查。根据《中华人民共和国行政处罚法》第三十七条之规定，你应当如实回答询问，并协助调查，不得伪造、隐匿、毁灭证据，否则将承担法律责任。你有权就被询问事项自行提供书面材料，有权拒绝回答与案件无关的问题，有权核对询问笔录，对笔录记载有误或者遗漏之处提出更正或者补充意见。如果你回答的内容涉及国家秘密、商业秘密或者个人隐私，执法机关将予以保密。你还有权提出对办案人员、执法机关负责人、鉴定人、翻译人的回避申请，有权对案件事

被询问人签名或盖章：

（第 1 页，共 3 页） 陈

2016.4.11

笔 录 纸

实进行陈述、申辩，作伪证要承担法律责任，你听清楚了吗？

答：我已听清楚了，也不申请回避，执法证件也已看过。

问：浙江动物药品有限公司和浙江生物股份有限公司是什么关系？

答：在 2015 年 10 月变更了公司名称，现在公司正式名称是浙江生物股份有限公司。

问：浙江生物股份有限公司（以下简称公司）的法人代表是谁？

答：是我（陈）。

问：你讲一下公司的主要业务？

答：根据公司的营业执照，我们主要经营预混剂、非无菌原料药、副产品二甲基甲酰胺制造、加工；兽药批发；化工产品（不含危险化学品及易制毒化学品）批发等。

问：你讲一下预混合饲料“”的情况？

答：“”产品是猪肉预混合饲料，其规格每桶 20 公斤，批准文号：浙饲预字(2010)，生产许可证号：饲预(2010)。

问：我们农业经济局执法人员在你公司的饲料车间发现了两桶该产

被询问人签名或盖章：

执法人员签名或盖章：周 马

（第 2 页，共 3 页）

2016.4.11

笔 录 纸

品，批号是 415123002，生产日期是 2015 年 12 月 30 日，是怎么回事？

答：这是我们公司生产的。

问：你公司的添加剂预混合饲料生产许可证有效期到 2015 年 4 月 19 日已到期，为什么还要生产“[redacted]”产品？

答：我们公司已经不计划再生产饲料了，因为没注意到许可证有效期已过，以为是到 15 年年底的。其他具体的情况我也不是很清楚，要问我们公司的程[redacted]，我委托她全权处理此事。

问：你还有什么需要补充的吗？

答：没有了。

以上笔录看过，与我说的一样

陈[redacted]

2016.4.11

被询问人签名或盖章：

执法人员签名或盖章：周[redacted] 孙[redacted]

（第 3 页，共 3 页）

陈[redacted]

2016.4.11

姓名 陈[redacted]

性别 男 民族 汉

出生 19[redacted]年[redacted]月[redacted]日

住址 杭州市[redacted]

公民身份号码 330[redacted]

此复印件与原件一致。

陈[redacted]

2016.4.11

中华人民共和国

居民身份证

签发机关 杭州市公安局[redacted]分局

有效期限 2006.08.19-2026.08.19

执法人员：周[redacted]

马[redacted]

授权委托书

委　托　人：陈[redacted]

住址：海宁市[redacted]镇（[redacted]区）[redacted]

电话：139[redacted]

营业执照统一社会信息代码：0133[redacted]

受委托人：程[redacted]

工作单位或地址：浙江[redacted]生物股份有限公司

身份证号码：332[redacted]

联系电话：139[redacted]

现委托我公司副总裁程[redacted]同志，作为处理我公司涉嫌无证生产饲料一事的委托代理人。委托权限如下：特别授权，包括代为送交材料、代为接受调查询问、代为申请回避、代为确认违法事实、代为陈述申辩、代为要求听证、代签各种法律文书等。

委托期限：自 2016 年 4 月 8 日至 2016 年 7 月 8 日。

[redacted]生物股份

委托人：陈[redacted]

执法人员：周[redacted]

马[redacted]

[redacted]

2016年4月8日

询问笔录

询问时间：2016 年 4 月 14 日 14 时 39 分至 15 时 55 分

询问地点：海宁市农业经济局

询问机关：海宁市农业经济局

询问人：周[redacted] 执法证件号：浙农业060[redacted]

马[redacted] 浙农业060[redacted]

记录人：马[redacted]

被询问人：姓名 程[redacted] 性别 女 年龄 48

身份证号 332[redacted] 联系电话 139[redacted]

工作单位 浙江[redacted]生物股份有限公司

职务 副总裁

住址 杭州市[redacted]区[redacted]

问：我们是海宁农业经济局执法人员（出示执法证件），现依法向你进行询问调查。根据《中华人民共和国行政处罚法》第三十七条之规定，你应当如实回答询问，并协助调查，不得伪造、隐匿、毁灭证据，否则将承担法律责任。你有权就被询问事项自行提供书面材料，有权拒绝回答与案件无关的问题，有权核对询问笔录，对笔录记载有误或者遗漏之处提出更正或者补充意见。如果你回答的内容涉及国家秘密、商业秘密或者个人隐私，执法机关将予以保密。你还有权提出对办案人员、执法机关负责人、鉴定人、翻译人的回避申请，有权对案件事

被询问人签名或盖章：程[redacted] 2016.4.14

（第 1 页，共 5 页）

笔录纸

实进行陈述、申辩，作伪证要承担法律责任，你听清楚了吗？

答：我已听清楚了，也不申请回避，执法证件也已看过。

问：你在浙江[redacted]生物股份有限公司担任什么职务？

答：我是公司的副总裁，负责仓库、物流、部门协调工作。

问：你单位的添加剂预混合饲料生产许可证到 2015 年 4 月 19 日到期了，你有何异议？

答：我们也是在检查后才查看的许可证有效期，才发现过期了，对此没有异议。

问：2016 年 4 月 8 日我局执法人员在你公司的“饲料仓库”发现两桶“[redacted]”饲料，合格证上标注的生产批号是 415123002，生产日期是 2015 年 12 月 30 日，对这个生产日期你认可吗？

答：认可的，是 2015 年 12 月 30 日生产的。

问：我局执法人员在这两桶“[redacted]”产品上发现的成品库卡显示，415123002 共有 1000kg，目前还剩下 40kg（20kg/桶），在“出库方式”中写有“销售”的共 600kg，销售经办人写着“[redacted]”和“[redacted]”，对此你有异议吗？

答：没有异议。

被询问人签名或盖章：程[redacted] 2016.4.14

执法人员签名或盖章：周[redacted] 马[redacted]

（第 2 页，共 5 页）

笔 录 纸

问：成品库卡上的“领用车间”是什么意思？

答：是技术部做养殖试验用掉的。

问：技术部做试验的场所在哪？具体怎么做你清楚吗？

答：这些都不大清楚。

问：我局执法人员在你单位财务的电脑上查到的销售出货记录上有11个批次的“[redacted]”产品，销往北京、济南等地，这个记录上“批号”一栏是指产品的生产批号吗？

答：这个“批号”不是我们产品的批号，是发货单上的“单据号”，单据号是根据接到订单的日期来填的。

问：你是指销售出货记录上的“批号”不是产品的生产批号吗？

答：是的。

问：2015年4月9日领料单的原料数量，根据你单位“[redacted]”产品的原料配比，能够生产5吨的“[redacted]”成品，这些原料在什么时候用于生产“[redacted]”？

答：我们的原料都是领了后马上生产的，这5吨是在许可证有效期内生产的，具体日期我也记不清楚了，我们有生产记录可以证明。

问：销售出库记录上产品的总数是7300kg，加上415123002这个批

被询问人签名或盖章：2016.4.14 [redacted]

执法人员签名或盖章：周[redacted] [redacted]

（第3页，共5页）

笔录纸

次有 400kg 没有体现在这个记录上，之后减去销售出库记录上 415032804 的 460kg，和刚提到的 2015 年 4 月 9 日的 5 吨，总数还有 2240kg，对这个数字您认可吗？

答：认可的。

问：那这 2240kg 成品是在许可证到期前生产前，还是到期后生产？

答：这里面的 2000kg 应该是去年年底生产的，另外的 240kg 是以前生产的（许可到期前）。

问：这个产品的销售价格是多少？

答：这个我不清楚，我们有发票，卖给不同的地方价格会有不同，具体以发票为准。

问：发票号 189[redacted]的浙江增值税普通发票，开票日期 2016 年 01 月 11 日，销售了 1300kg 的“[redacted]”饲料，这些产品是哪个批次的？

答：有 1000kg 的产品应该是 415123001 这个批次的，另外的 300kg 是许可证到期前生产后留下来的。

问：这个产品 415123002 批次中销售的 600kg，有开具发票吗？

答：应该没有开发票，我们会尽力召回的。

问：物料收发明细表上“收入”、“发出”、“结存”是什么意思？

答：“收入”是指生产出来入库的数量，“发出”是指发货销售，“结

被询问人签名或盖章：程[redacted] 2016.4.14

执法人员签名或盖章：周[redacted] 马[redacted]

（第 4 页，共 5 页）

笔 录 纸

存”就是仓库里剩余的。

问：预混合饲料生产许可证（饲预（2010）[redacted]）何时到期你知道吗？

答：不知道。

问：我局执法人员在你单位留样室检查发现，“[redacted]”产品没有留样，也没有质量检测记录的保存，为什么？

答：因为我们公司主要在兽药方面，对饲料就不够重视，而且留样室比较小，可能放不下。

问：按照管理条例，这些东西要保存至少2年，对此你怎么解释？

答：这确实是我们没有做到位。

问：你还有什么需要补充？

答：没有了。

以上笔录我已看过，和我说的一样。

被询问人签名或盖章：程[redacted] 2016.4.14

执法人员签名或盖章：周[redacted] 马[redacted]

（第5页，共5页）

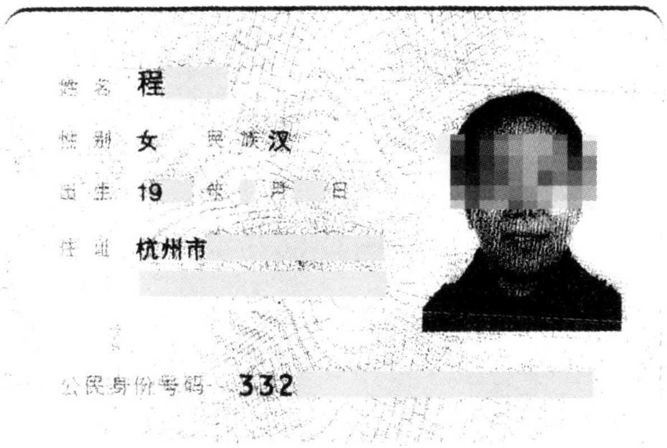
姓名 程
性别 女 民族 汉
出生 19 年 月 日
住址 杭州市
公民身份号码 332

此复印件与原件一致。

程 2016.4.14

执法人员：周
子

中华人民共和国
居民身份证
签发机关 杭州市公安局 分局
有效期限 2006.12.12-2026.12.12

询问笔录

询问时间：2016 年 4 月 13 日 13 时 40 分至 14 时 35 分

询问地点：浙江[redacted]生物股份有限公司

询问机关：海宁市农业经济局

询问人：周[redacted]　执法证件号：浙农业060[redacted]

马[redacted]　浙农业060[redacted]

记录人：马[redacted]

被询问人：姓名 罗[redacted] 性别 男 年龄 46

身份证号 510[redacted] 联系电话 189[redacted]

工作单位 浙江[redacted]生物股份有限公司

职务 生产车间主任

住址 海宁市[redacted]

问：我们是海宁农业经济局执法人员（出示执法证件），现依法向你进行询问调查。根据《中华人民共和国行政处罚法》第三十七条之规定，你应当如实回答询问，并协助调查，不得伪造、隐匿、毁灭证据，否则将承担法律责任。你有权就被询问事项自行提供书面材料，有权拒绝回答与案件无关的问题，有权核对询问笔录，对笔录记载有误或者遗漏之处提出更正或者补充意见。如果你回答的内容涉及国家秘密、商业秘密或者个人隐私，执法机关将予以保密。你还有权提出对办案人员、执法机关负责人、鉴定人、翻译人的回避申请，有权对案件事

被询问人签名或盖章：罗[redacted] 2016·4·13

（第 1 页，共 5 页）

笔 录 纸

实进行陈述、申辩，作伪证要承担法律责任，你听清楚了吗？

答：我已听清楚了，也不申请回避，执法证件也已看过。

问：你在浙江[redacted]生物股份有限公司从事什么工作的？

答：我是公司的生产车间主任。

问：“[redacted]”这个产品的许可证何时到期？

答：我不知道。

问：什么情况下会生产“[redacted]”？

答：上面下计划就开始生产。

问：这个“计划”是怎么样的？

答：口头的比较多，口头通知下来就按配方做了，数量多的时候就会有书面的。

问：那生产前要有指令单吗？

答：这个应该是每批都有的，是我来填的，因为要对原料配方有了解。

问：指令单包括哪些内容？

答：包括产品的名称、批号、数量。

问：批号是怎么定的？

答：这个批号是上级（生产中心）定好的，我们不能随便定的。

被询问人签名或盖章：[redacted] 2016·4·13

执法人员签名或盖章：周[redacted] 马[redacted]

（第 2 页，共 5 页）

笔 录 纸

问：你对饲料的生产批号是怎么理解的？

答：生产批号就是哪天生产的就按当天的日期来，然后最后两个数字是当天的批数，不同的产品连着用的，比如批号里有16010101，那这个产品是2016年1月1日生产的第一批，最后如果是02，那就是第二批，可以是不同的产品品种。

问：那这些指令单由谁保管呢？

答：有些时间久了就扔了，有些是有专人保管的。

问：领用原料时怎么领？

答：领原料的时候要填领料单，每批都要按照单子来领的，不然原料仓库拿不让拿的。

问：你是向谁领原料的？

答：陈[redacted]，是原料仓库的。

问：一批产品生产好后放到仓库有记录吗？

答：有的，要填好库卡的，但时间久了库卡也就扔了。

问：你们的仓库接收员是谁？

答：之前是杨[redacted]，去年离职了，后来还有一个人也回老家了，现在效益差，也没有招新人，都是互相兼职的。

问：你作为生产车间主任保存有哪些资料？

被询问人签名或盖章：[redacted] 2016.4.13.

执法人员签名或盖章：周[redacted] [redacted]

（第3页，共5页）

笔 录 纸

答：我这资料主要是原始配方，其他的资料等工人奖金算清了，觉得没有关系就扔了，公司对我们这边的保管记录也没有明确的规定。

问：从什么时候开始不生产“[redacted]”了？

答：具体时间我也记不清了。大概是在去年年底到今年年初，有些原料没用完，就生产了一些。

问：“[redacted]”饲料的原料组成是什么？

答：有烟酸铬、酵母硒、酵母粉、玉米淀粉，除了玉米淀粉通用外，其他三个是“[redacted]”专用的。

问：现在还有烟酸铬、酵母硒、酵母粉这三种原料吗？

答：应该是没有了，最后一次生产的时候用掉了。

问：2015 年 4 月以后生产过多少“[redacted]”？

答：好像在去年 3 到 4 月那段时间生产过，后来好像没生产过。

问：我局执法人员在你单位的“饲料仓库”查到了一批“[redacted]”产品，你记得是什么时候生产的吗？

答：我记不清了。

问：这是我局执法人员在你单位“饲料仓库”查到的“[redacted]”的库卡，在出库方式中写有“领用车间”，这是什么意思？

答：这个是我们公司技术部需要这个产品做试验，为了记账方便所以

被询问人签名或盖章：[redacted] 2016.4.13

执法人员签名或盖章：周[redacted] 马[redacted]

（第 4 页，共 5 页）

笔 录 纸

一般由我去帮忙领。

问：库卡上写有“领用车间”的一共有360公斤，都是你领的吗？

答：是的，都是给技术部领的。

问：你还有什么要补充的吗？

答：没有了。

以上笔录我已看过，和我说的一样。

[redacted] 2016.4.13

被询问人签名或盖章：[redacted]

执法人员签名或盖章：[redacted] [redacted]

（第5页，共 5 页）

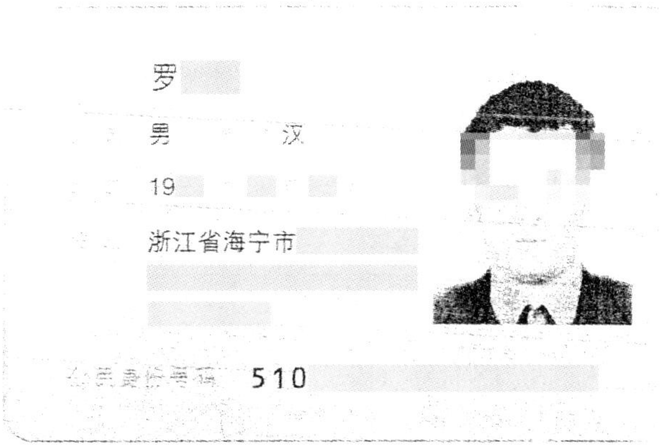

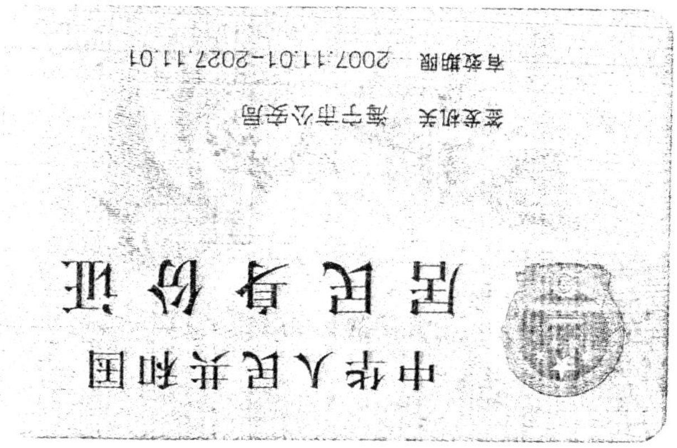

执法人员：周
孙

罗

2016年4月13日

此复印件与原件一致

询问笔录

询问时间：2016 年 4 月 26 日 15 时 06 分至 15 时 40 分

询问地点：浙江[redacted]生物股份有限公司

询问机关：海宁市农业经济局

询问人：周[redacted] 执法证件号：浙农业060[redacted]

马[redacted] 浙农业060[redacted]

记录人：马[redacted]

被询问人：姓名 陈[redacted] 性别 男 年龄 44

身份证号 330[redacted] 联系电话 133[redacted]

工作单位 浙江[redacted]生物股份有限公司

职务 财务总监

住址 杭州市[redacted]区[redacted]

问：我们是海宁农业经济局执法人员（出示执法证件），现依法向你进行询问调查。根据《中华人民共和国行政处罚法》第三十七条之规定，你应当如实回答询问，并协助调查，不得伪造、隐匿、毁灭证据，否则将承担法律责任。你有权就被询问事项自行提供书面材料，有权拒绝回答与案件无关的问题，有权核对询问笔录，对笔录记载有误或者遗漏之处提出更正或者补充意见。如果你回答的内容涉及国家秘密、商业秘密或者个人隐私，执法机关将予以保密。你还有权提出对办案人员、执法机关负责人、鉴定人、翻译人的回避申请，有权对案件事

被询问人签名或盖章：[redacted] 2016.4.26.

（第 1 页，共 4 页）

笔 录 纸

实进行陈述、申辩，作伪证要承担法律责任，你听清楚了吗？

答：我已听清楚了，也不申请回避，执法证件也已看过。

问：你在浙江[redacted]生物股份有限公司担任什么职务？

答：我是公司的财务总监，15 年 6 月开始担任这个职务的，主要负责资金贷款、账务审核负责、票据管理等工作。

问：对财务科的各项工作流程你是否清楚？

答：清楚的。

问：你讲下车间领料单的情况？

答：车间领料单是用来核算成本，会在财务资料中存档。

问：领料单是谁给你的？

答：是仓库那边，王[redacted]、陈[redacted]录入仓库系统后，会给我领料单。

问：这个领料单是按产品批次来记录的吗？

答：是按照一次领料生产的产品来的，有时领的原料多也可能生产好几个批次。

问：销售管理（供应链）系统中的销售出库记录是按照什么来录入系统的？

答：根据销售部的发货单来录入的，录好后会生成销售出库单。

被询问人签名或盖章：[redacted] 2016.4.26

执法人员签名或盖章：周[redacted] 马[redacted]

（第 2 页，共 4 页）

笔 录 纸

问：销售出库记录中的“批号”是按照什么来录入的？

答：一部分是按照发货单的“单据号”来录入，有一部分是按照仓库系统里的生产日期，选一个就录进去了。我主要关注的是销售日期、对方购买单位和产品名称这些，“批号”不是很关注。

问：兽药产品的销售出库记录中的“批号”是真的批号吗？

答：这个我也不清楚。

问：采购原料的付款方式？

答：基本上是等货物到了再付钱，除非是紧缺物质，会先打预付款，对方发票和入库单会一起附在会计凭证后面。

问：烟酸铬、酵母硒、酵母粉这三种原料现在还有结存吗？

答：从物料收发明细看，去年１２月２６日领用后，这三种原料都没有结存了。

问：这三种原料的物料收发明细表上的“数量（常用）”，这个“常用”是指什么？

答：“常用”是指常用单位，就是ｋｇ。

问：１２月２６日领用的烟酸铬和酵母硒的数量比生产２０００ｋｇ“[redacted]”饲料所需的原料量少，为什么？

答：财务账上确实只有这些量，但有时仓库那收到货不会登记到系统

被询问人签名或盖章：陈[redacted] 2016.4.26

执法人员签名或盖章：周[redacted] [redacted]

（第3 页，共 4 页）

笔 录 纸

里，特别是量比较少的原料，导致账面存量和实际存量不相符。

问：你还有什么要补充的吗？

答：没有了。

以上记录我已看过，与本人所说一致。 [redacted] 2016.4.26

被询问人签名或盖章：

执法人员签名或盖章：周[redacted] 马[redacted]

（第4页，共 4 页）

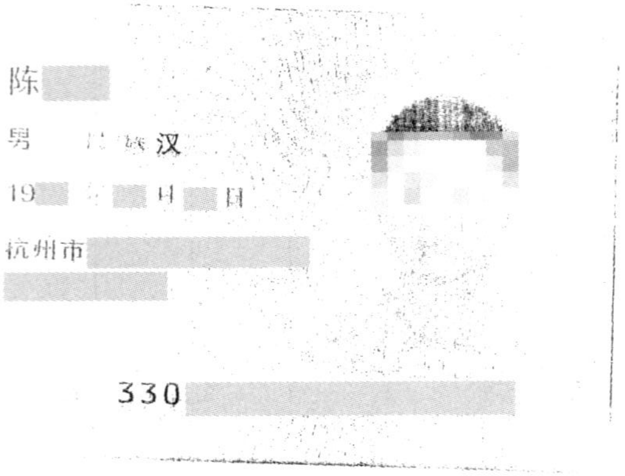
陈[redacted]
男 民族 汉
19[redacted] 年 [redacted] 月 [redacted] 日
杭州市[redacted]
330[redacted]

此复印件与原件一致。陈[redacted] 2016.4.26。

中华人民共和国
居民身份证
签发机关 杭州市公安局[redacted]分局
有效期限 2010.08.09-2030.08.09

执法人员：周[redacted]
马[redacted]

询问笔录

询问时间：2016 年 5 月 25 日 14 时 05 分至 14 时 41 分

询问地点：浙江[redacted]生物股份有限公司

询问机关：海宁市农业经济局

询问人：周[redacted]　　执法证件号：浙农业060[redacted]

马[redacted]　　浙农业060[redacted]

记录人：马[redacted]

被询问人：姓名 王[redacted] 性别 男 年龄 34

身份证号 341[redacted] 联系电话 137[redacted]

工作单位 浙江[redacted]生物股份有限公司

职务 技术部经理

住址 杭州市[redacted]区[redacted]

问：我们是海宁农业经济局执法人员（出示执法证件），现依法向你进行询问调查。根据《中华人民共和国行政处罚法》第三十七条之规定，你应当如实回答询问，并协助调查，不得伪造、隐匿、毁灭证据，否则将承担法律责任。你有权就被询问事项自行提供书面材料，有权拒绝回答与案件无关的问题，有权核对询问笔录，对笔录记载有误或者遗漏之处提出更正或者补充意见。如果你回答的内容涉及国家秘密、商业秘密或者个人隐私，执法机关将予以保密。你还有权提出对办案人员、执法机关负责人、鉴定人、翻译人的回避申请，有权对案件事

被询问人签名或盖章：王[redacted]　　2016.05.25

（第 1 页，共 3 页）

笔 录 纸

实进行陈述、申辩，作伪证要承担法律责任，你听清楚了吗？

答：我已听清楚了，也不申请回避，执法证件也已看过。

问：你在浙江[redacted]生物股份有限公司担任什么职务？

答：我是技术部经理，负责产品工艺、相关资质申报、新药注、企业荣誉申报等。

问：我局执法人员在你单位查到两桶“[redacted]”饲料产品，该产品的成品库卡上出库方式写着“领用车间”是什么意思？

答：“领用车间”是指预混剂车间领用的意思。

问：领用后做什么用？

答：领用后做成试验用包装，发给安吉县[redacted]牧业有限公司做试验，我们公司和安吉这家公司签订了合同，我们提供“[redacted]”产品，他们无偿帮我们做试验。

问：成品库卡显示，在2016年1月21日和27日共领用了360kg的“[redacted]”产品，批号为415123002，这些产品用于什么？

答：就是给安吉县[redacted]牧业有限公司做试验的。

问：这360kg产品目前还剩多少？

答：360kg“[redacted]”饲料产品都发给安吉那家公司了，但具体有没

被询问人签名或盖章：[redacted] 2016.05.25

执法人员签名或盖章：周[redacted]

笔 录 纸

有用完没有跟对方公司确认过。

问：这些产品发给安吉那家公司有收发货凭证吗？

答：没有。我们只要求对方做好试验后提供结果报告。

问：试验报告提供给你们了吗？

答：还没有。

问：为什么要做“[redacted]”这款饲料产品的试验？

答：主要是想知道这款产品用多少量对猪的生长会比较好。

问：你们公司的添加剂预混合饲料生产许可证已经过期了，为什么还要做这个试验呢？

答：因为这款产品的市场反应还可以，打算今后申请许可证后继续生产的。

问：你还有什么要补充吗？

答：没有了。

以上笔录已看过，和我说的一样

[redacted] 2016.05.25

被询问人签名或盖章：

执法人员签名或盖章：周[redacted] 子[redacted]

（第 3 页，共 3 页）

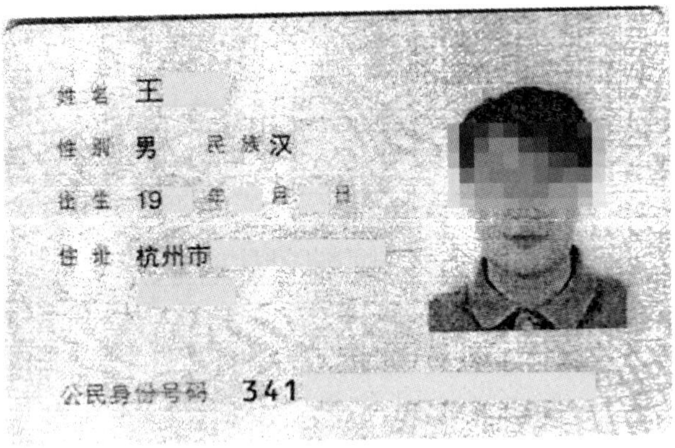
姓名 王
性别 男 民族 汉
出生 19 年 月 日
住址 杭州市
公民身份号码 341

中华人民共和国
居民身份证
签发机关 杭州市公安局 分局
有效期限 2010.06.04-2030.06.04

2016.05.25

此复印件与原件一致。

执法人员：周 马

38

农业行政执法巡查记录表

日期：2016 年 4 月 8 日　　　　　　　　　　　　No：00095756

对象情况	单位(个人)名称	浙江[redacted]生物股份有限公司	地址	浙江省 海宁市[redacted]
	法定代表人（负责人）	陈[redacted]	联系电话	
记录	1. 检查该公司[redacted]生产车间、检验室、兽药仓库等，未发现违法行为 2. 在该车间（饲料生产车间）发现饲料预混剂"[redacted]"批号415123002，数量1000kg，剩余2桶，20kg/桶，该公司添加剂预混合饲料生产许可证至2016年4月20日到期，此产品涉嫌无证生产。 3、对涉嫌违法产品进行抽检。			
人员名及执证件号	孙[redacted] 浙农业060[redacted] 周[redacted] 浙农业060[redacted]	检查对象法定代表人或负责人签名（公章）	（签名）（公章：浙江[redacted]生物股份有限公司）	

第一联 农业执法机构

1、本记录作为落实农产品和农业投入品质量监管责任制的依据，必须妥善保管；
2、本记录表一式两联，农业执法机构、检查对象各一联；
3、检查对象应对所填内容进行确认；
4、检查应有2名以上农业执法人员参加。

海宁市农业行政执法大队文件

海农执报〔2016〕1号　　　　　　　　签发人：马[redacted]

海宁市农业行政执法大队关于浙江[redacted]生物股份有限公司涉嫌无证生产饲料的报告

浙江省农业行政执法总队：

近日，我市农业行政执法大队在检查中发现浙江[redacted]生物股份有限公司涉嫌无证生产饲料，经调取该公司销售出库记录（见附表1）显示：2015年5月至2016年4月，有2个批次的“[redacted]”饲料产品（见附表2）发往北京市[redacted]生物科技股份公司、[redacted]农业科技有限公司，有14个批次的“[redacted]”饲料产品发往山东省济南[redacted]动物营养品有限公司、济南[redacted]农业科技有限公司。因案情较复杂、涉案金额较大，需进一步核实涉案产品销售详情，望总队与北京市、山东省相关部门协商协查，核对以上四家公司购买“[redacted]”产品的进货凭证及对应该产品批次的生产日期（实物照片为佳）。

特此报告。

附件：1. 浙江[redacted]生物股份有限公司销售出库记录

2. “[redacted]”标签

海宁市农业行政执法大队

2016年4月15日

（联系人：周[redacted]，联系电话：0573[redacted]）

海宁市农业行政执法大队　　　　　　　　2016年4月15日印发

此复印件与原件一致

[redacted] 2016.4.8

编　号：饲预（2010）[redacted]

添加剂预混合饲料

生产许可证

执法人员：周[redacted]

浙江[redacted]动物药品有限公司

经审查，你单位具备生产添加剂预混合饲料的有关条件，特发此证。

注册地址：浙江省嘉兴市海宁市[redacted]

生产地址：浙江省嘉兴市海宁市[redacted]

有 效 期：　5年

发证机关：中华人民共和国农业部

发证日期：2010　年　月　日

040

（猪用肉质改良预混合饲料）

执法员：周
马

本产品符合饲料卫生标准

【有效成分含量】 每千克产品中含

烟酸铬 （以铬计）： 640 ～ 1200mg/kg

酵母硒 （以硒计）： 200 ～ 400mg/kg

【推　荐　量】 每吨生长肥育猪饲料中

添加本品 50g ～ 150g

【净　　重】 20kg/ 桶

【保　质　期】 贮存于阴凉干燥通风处， 保质期为一年

【执行标准】 Q/HN 87-2009

【生产日期】 见合格证

【批准文号】 浙饲预字 （2010）

【生产许可证号】 饲预 （2010）

此复印件与原件一致。

2016.4.8

浙江 动物药品有限公司
ZHEJIANG ANIMAL HEALTH CO.,LTD

地址： 浙江省海宁市 邮编： 31

电话： 0573-879 传真： 0573-879

041

浙江省农业投入品抽样单

第三联 抽样单位

抽样编号：010

产/商品名称			商　　标	
明示成份/指标			执行标准	
生产日期/批号			规格型号	
质量等级			质量保证期	
许可证/登记证号			销售单价	
抽样地点			抽样方式	
抽样基数			抽样数量	
封样状态			贮存情况	
送样地点			送样截止时间	
受检单位	名　　称		法定代表人/负责人	
	地　　址		邮政编码	
	联系人		电话/传真	
生产单位	名　　称		法定代表人/负责人	
	地　　址	同上	邮政编码	同上
	电　　话		传　　真	

受检单位对所填内容和抽样产/商品有效性有异议应在此栏进行说明。 法定代表人（负责人）签名（公章）： 年　月　日	抽样人说明： 抽样人签名（公章）： 年　月　日
备注	

注：1、本单一式三联，检验机构、受检单位、抽样单位各执一联；

2、受检单位应对所填内容进行确认。受检单位是生产企业的，只需填写受检单位相应栏目；

3、本单栏目无内容的用"/"表示。

CMA
2013110038V
有效期:2016年8月21日止
浙江省质量技术监督局核发

CATL
[2013]农质检核（浙）字第0016号

正本 043

JB/3-29/01-2

报告编号：FW16111

检 验 报 告

产品名称：（猪用肉质改良预混合饲料）

委托单位：海宁市农业经济局

检验性质：委托检验

浙江省兽药饲料监察所

注 意 事 项

1、 报告无检验单位公章或检验报告专用章无效。

2、 检验报告未完整复制无效。

3、 报告无编制、审核、批准人签字无效。

4、 报告涂改无效。

5、 对检验报告若有异议，应于收到报告之日起十五日内向检验单位提出，逾期不予受理。

6、 本报告未经检验单位书面同意不得用于商业性广告。

7、 一般情况，委托检验仅对来样负责。

单位地址：杭州市余杭区外翁线十五堡浙江牧业监测大楼（十五堡公交车站旁）

邮政编码：311199

联系电话：(0571)5626　　　传真：(0571)5626

单位名称：浙江省兽药饲料监察所

开户银行：杭州市农行城东支行

银行账号：190151

浙江省兽药饲料监察所
检验报告

报告编号：FW1[redacted]　　　　共 2 页 第 1 页

样品名称	[redacted]（猪用肉质改良预混合饲料）	原编号	—
委托单位	海宁市农业经济局	商　标	—
委托方地址	海宁市农丰路389号[redacted]	样品数量	200g
生产单位	浙江[redacted]生物股份有限公司	样品等级	—
受检单位	浙江[redacted]生物股份有限公司	抽样方式	—
抽 样 者	海宁市农业经济局	生产批号	415123002
抽样地点	—	抽样日期	2016.04.08
抽样基数	—	收样日期	2016.04.11
送 样 者	周[redacted]	检验日期	2016.04.26-2016.04.27
样品状况	封签完好，黄色粉末	检验环境	符合检验要求
判定依据	—	检验项目	见第2页
主要仪器	电子天平、液质联用仪等		
检验方法	农业部1063号公告-6-2008		
检验结论	该样品为委托检验，提供实测数据。 签发日期：2016年4月29日		
备　　注			

（印章：浙江省兽药饲料监察所 检验报告专用章）

批准：[redacted]　　审核：[redacted] 日期：4.28　　编制：[redacted] 日期：4.28

报告编号：FW1　　　　　　　　　　　　　　共 2 页 第 2 页

检验项目	标 准 值	判定合格界限	实测数据	检测结论
克伦特罗（μg/kg）	—	—	未检出	—
沙丁胺醇（μg/kg）	—	—	未检出	—
莱克多巴胺（μg/kg）	—	—	未检出	—
特布他林（μg/kg）	—	—	未检出	—
西布特罗（μg/kg）	—	—	未检出	—
溴布特罗（μg/kg）	—	—	未检出	—
齐帕特罗（μg/kg）	—	—	未检出	—
西马特罗（μg/kg）	—	—	未检出	—
马布特罗（μg/kg）	—	—	未检出	—
氯丙那林（μg/kg）	—	—	未检出	—
妥布特罗（μg/kg）	—	—	未检出	—
克伦普罗（μg/kg）	—	—	未检出	—
班布特罗（μg/kg）	—	—	未检出	—

以下空白

资 料 签 收 单

资料名称	检验报告　报告编号：FW [redacted]
送达单位	海宁市农业经济局
送达人员	周[redacted]、孙[redacted]
签收单位	浙江[redacted]生物股份有限公司
签收地点	同上
签收人员	程[redacted]
签收日期	2016.5.17
备注	对检验结果无异议，不提请复检。

现场检查~~（勘验）~~笔录

时间：2016年 4 月 08 日 13 时 51 分至 14 时 40 分

检查（勘验）地点：海宁市[redacted]公司饲料车间

当事人：浙江[redacted]生物股份有限公司

检查（勘验）机关：海宁市农业经济局

检查（勘验）人员：周[redacted]　　执法证件号：浙农业060[redacted]

马[redacted]　　浙农业060[redacted]

记录人：周[redacted]

现场检查（勘验）情况：2016年4月8日，海宁市农业经济局执法人员到浙江[redacted]生物股份有限公司检查，发现产品“[redacted]”2桶，规格20kg/桶，生产日期2015年12月[redacted]，批号为415123002；其成品库卡显示数量1000，其中2015年12月31日销售300，2016年1月21日车间领用340，1月27日车间领用20，2016年4月5日，销售300。以上产品存放位置在饲料车间的生产操作间的西南面，“[redacted]”产品是猪用肉质改良预混合饲料。

（以下空白）

当事人签名或盖章：程[redacted]　　（见证人签名或盖章：

执法人员签名或盖章：马[redacted]　周[redacted]

（第 1 页共 / 页）

现场检查（~~勘验~~）笔录

时间：2016年4月13日10时01分至10时30分

检查（勘验）地点：浙江[redacted]生物股份有限公司二楼

当事人：浙江[redacted]生物股份有限公司

检查（勘验）机关：海宁市农业经济局

检查（勘验）人员：周[redacted] 执法证件号：浙农业060[redacted]

马[redacted] 浙农业060[redacted]

记录人：马[redacted]

现场检查（勘验）情况：经现场检查，在浙江[redacted]生物股份有限公司的留样室没有发现"[redacted]"饲料的样品。（以下空白）

当事人签名或盖章：程[redacted] 2016.4.13 （见证人签名或盖章：

执法人员签名或盖章：周[redacted] 马[redacted]

（第1页共1页）

现场检查（~~勘验~~）笔录

时间：2016年4月13日10时45分至11时50分

检查（勘验）地点：浙江[redacted]生物股份有限公司车间

当事人：浙江[redacted]生物股份有限公司

检查（勘验）机关：海宁市农业经济局

检查（勘验）人员：周[redacted] 执法证件号：浙农业060[redacted]

马[redacted] 浙农业060[redacted]

记录人：马[redacted]

现场检查（勘验）情况：经检查当事人的饲料车间、仓库，未发现"[redacted]"饲料生产所需的原料，包括烟酸铬、酵母硒、酵母铬。

（以下空白）

当事人签名或盖章：程[redacted] 2016.4.13 （见证人签名或盖章：

执法人员签名或盖章：周[redacted] 马[redacted]

（第1页共1页）

厂区总图

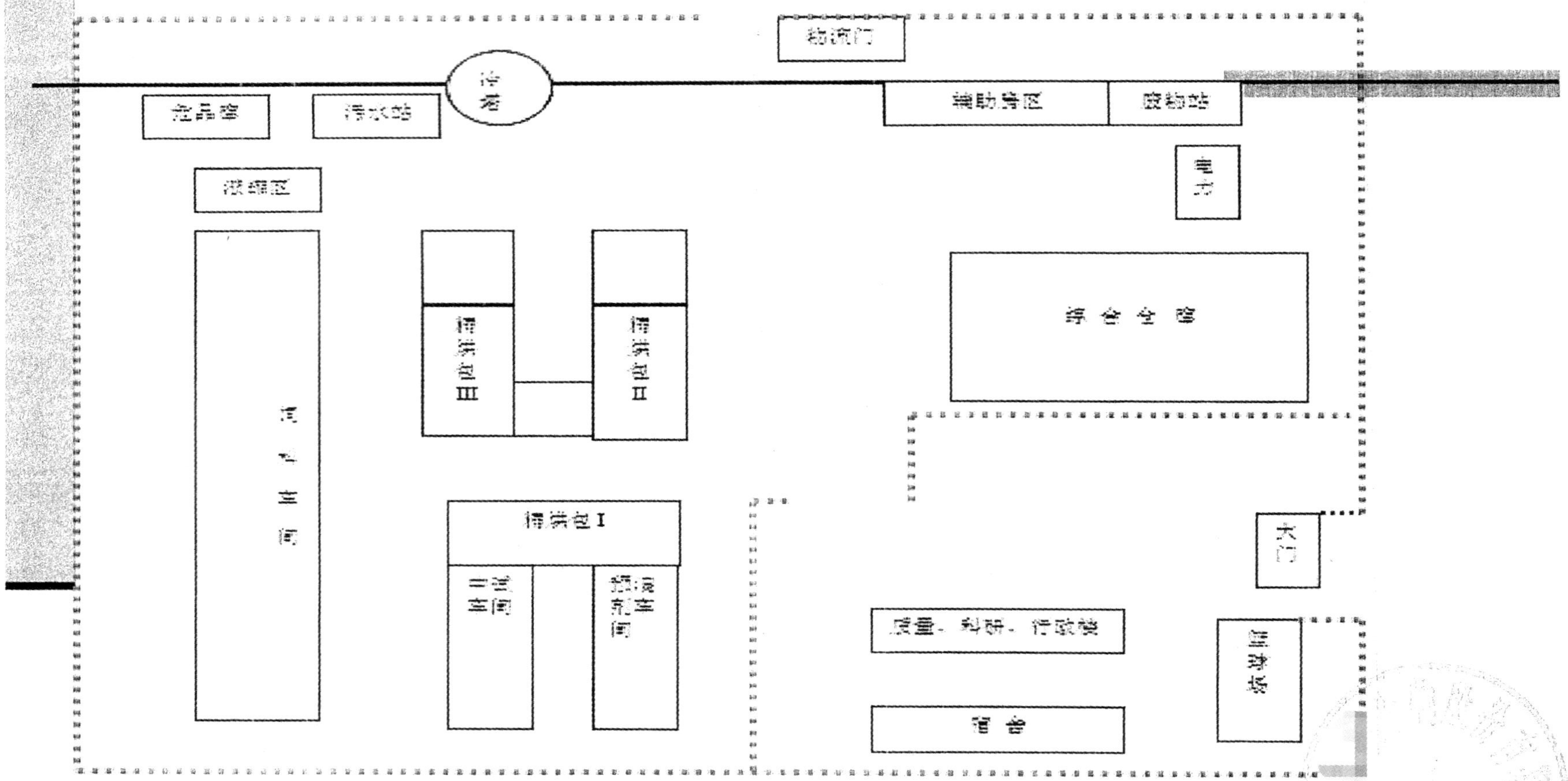

执法人员：周[redacted] 马[redacted]

程[redacted]

051

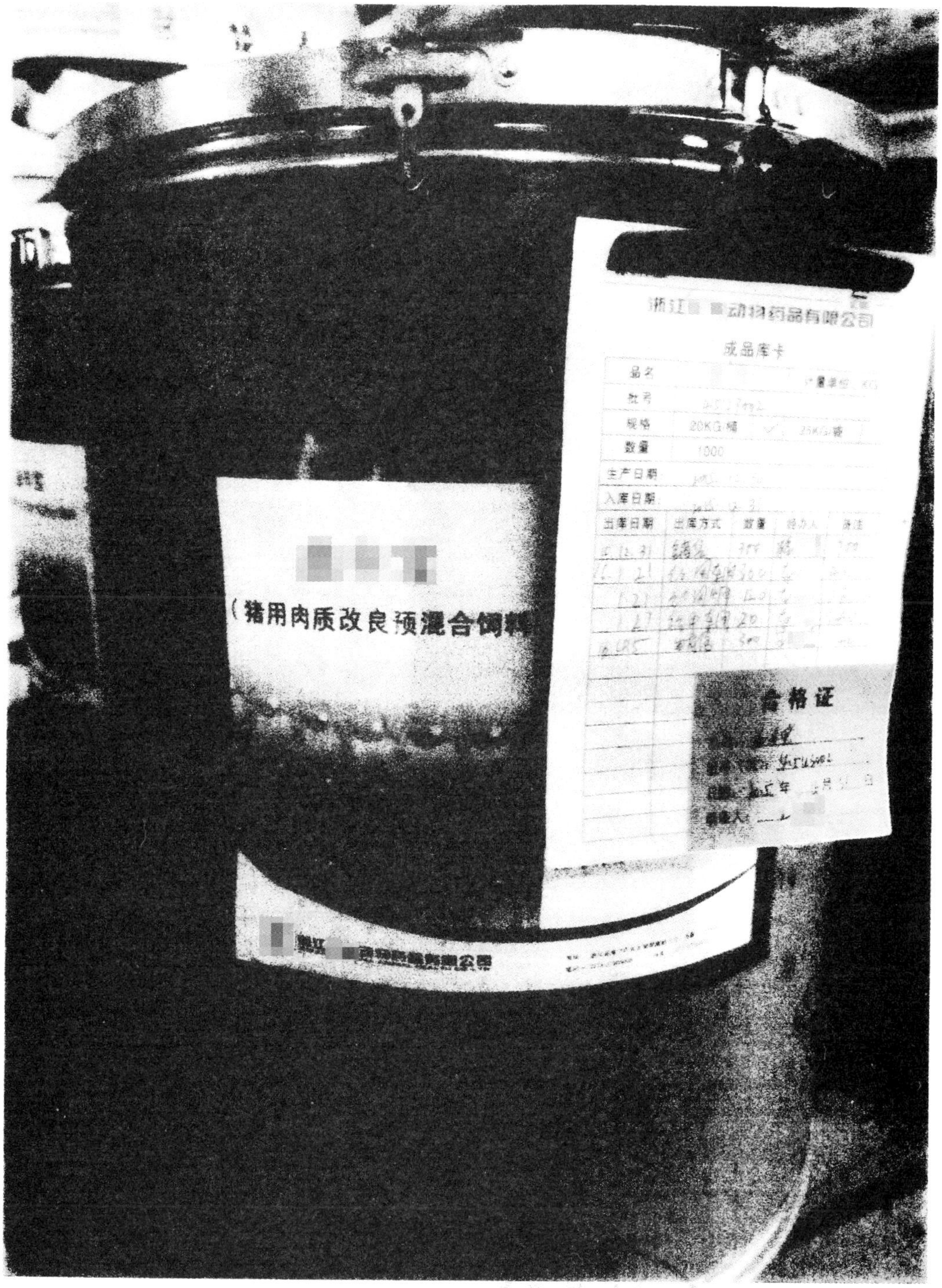

2016年4月8日在“饲料车间”查到的两桶“[redacted]”饲料（图1）

程[redacted] 2016.4.15

执法人员：周[redacted]、马[redacted]

以上证据是查获的两桶“[redacted]”饲料、

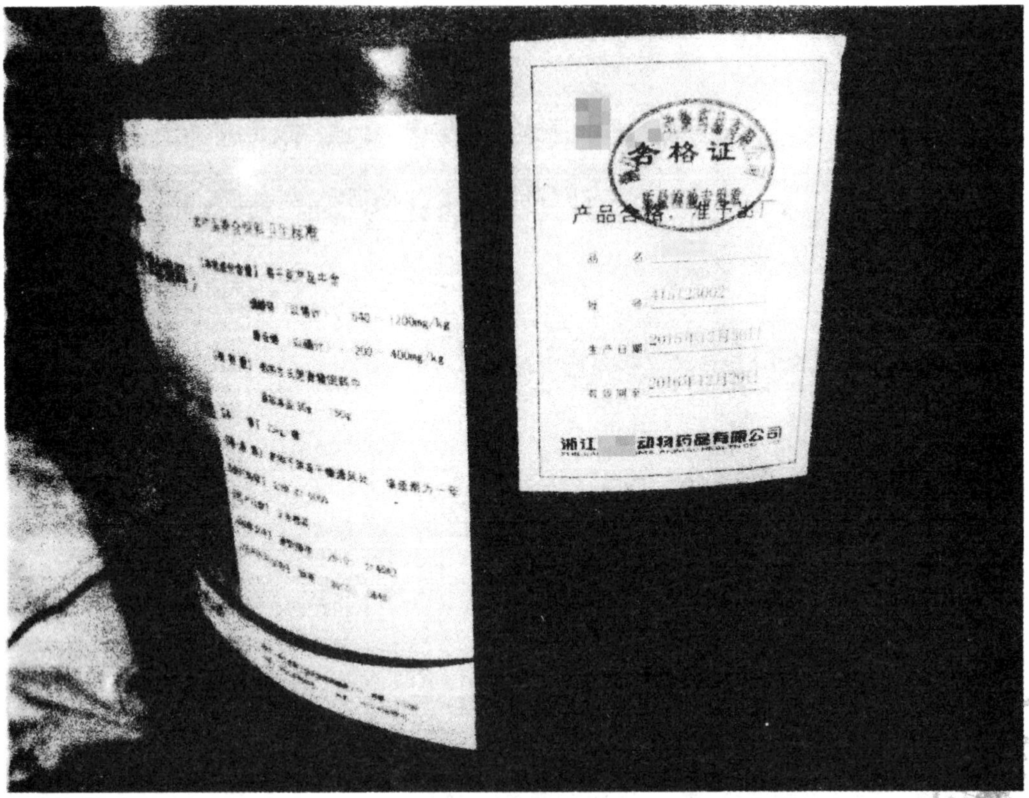

2016年4月8日在“饲料车间”查到的两桶“[redacted]”饲料（图2）

2016年4月8日在“饲料车间”查到的两桶“[redacted]”饲料（图3）

程[redacted] 2016.4.15

执法人员：周[redacted] 马[redacted]

证据复制（提取）单

取证机关：海宁市农业经济局　　2016年　4月08日

浙江[redacted]动物药品有限公司

成品库卡

品名	[redacted]	计量单位：KG	
批号	45123002		
规格	20KG/桶	✓	25KG/袋
数量	1000		

生产日期：2015.12.30

入库日期：2015.12.31

出库日期	出库方式	数量	经办人	备注
15.12.31	销售	300	[redacted]	700
16.1.21	车间	300	[redacted]	400
1.21	车间	40	[redacted]	360
1.27	车间	20	[redacted]	340
16.4.25	[illegible]	300	[redacted]	40

合格证

品名：[redacted]

批号（次）：45123002

日期：2015年12月31日

填表人：[redacted]

[redacted] 2016.4.8

以上证据是当事人的成品库卡。

提取人：周[redacted] 马[redacted]	提供单位：浙江[redacted]生物股份有限公司 2016年4月08日

296.40
501.21
449.90
414.28
592.20
2 2 1.2
2253.79

浙江 动物药品有限公司

检验报告单

检品名称:

执行标准: Q/HN 87-2009

批　　号: 415123002

生产日期: 2015.12.30

检验日期: 2015.12.30

生产数量: 1T

包　　装: 20kg/桶

有效期: 1 年

项　目	标　　准	结　果
感官指标	淡黄色粉末，具有流动性。	符合规定
粉碎粒度	全部通过 1.19mm(16 目)分析筛，0.59mm（30 目）分析筛筛上物不大于 10%。	符合规定
干燥失重	≤10%	3.87%

结论:

该产品所测指标符合企业标准 Q/HN 87-2009 要求，合格放行。

（印章：动物药品有限公司 质量检验专用章）

检验者 周

批准人 胡

程 2016.4.14

执法人员：周

浙江[redacted]动物药品有限公司

性状、鉴别检查原始记录

样品名称	[redacted]	样品批号	415123002
生产日期	2015.12.30	包装规格	20kg/桶
检验依据	☐ 标准 企业内控标准 ☐ Q1HN87-2009	检验日期	2015.12.30
		仪器名称及型号	/

本品为淡黄色粉末，流动性好。

结论	符合规定	检验员	[redacted]	复核员	[redacted]

浙江[redacted]动物药品有限公司

干燥失重检查原始记录

共______页；第______页

样品名称	[redacted]	样品批号	415123002
生产日期	2015.12.30	包装规格	20kg/桶
检验依据	☑ 标准 GB/T 6435 ☐ ______	检验日期	2015.12.30
		仪器名称及型号	干燥箱：DHG-9070B 天　平：FA1004
检查法	☑.恒温常压干燥法（干燥温度：☑.105±2℃；　☐.80±2℃）		

测定及结果 编号	恒重次数	称瓶重量 W_2（g）	样品称重 W_1（g）	称瓶+样瓶 W_3（g）	干燥失重（%） $\frac{W_1+W_2-W_3}{W_1}\times 100\%$	平均值（%）
I	1	30.8323	1.0053	31.7987	3.88	3.87
	2	30.8323		31.7986		
II	1	31.2017	1.0029	32.1659	3.86	
	2	31.2016		32.1658		

备注	

结论	符合规定	检验员	周[redacted]	复核员	[redacted]

浙江[redacted]动物药品有限公司

颗粒细度检查原始记录

样品名称	[redacted]	生产日期	2015.12.30		
生产批号	415123002	包装规格	20kg/桶		
检验依据	□ 标准 GB/T 5917 □	检验日期	2015.12.30	室温	
		仪器型号	8411 型电动振筛机		

标准筛号	称量样重量	筛上残留物重量	百分比
16目	100g	0	0
30目	100g	6.6g	6.6%

计算公式及结果	$\% = \frac{W残}{W样} \times 100\% = \frac{6.6}{100} \times 100\% = 6.6\%$.

备注	
	1. 16 目筛 = 全通过
	2. 30 目筛 = $\frac{6.6}{100} \times 100\% = 6.6\%$
	3. 目筛 =

结论	☑.合格 □.不合格	检验员	周[redacted]	复核员	胡[redacted]

浙江 动物药品有限公司

装量检查原始记录

编号

样品名称				样品批号	415123002
生产日期	2015.12.30			包装规格	20kg/桶
剂　型	预混剂	生产数量	17	取用数量	5件
检验依据	□.中国兽药典（　　年版　部） □.部颁标准（第　　册） □.企业内控标准______ □. 7TF1070			检验日期	2015.12.30.
				室　温	22°C
仪器型号				湿　度	61%

编号	（包装+供试品）称量 W1（kg）	（包装）称量 W_2（kg）	装量 $W_3=(W_1-W_2)$（kg）	平均装量（$\Sigma Wi/n$）及标示量	装量限度	是否符合规定
1	22.12	2.0	20.12	20.12 100.6%	☑.不少于标示量的 98% □.少于标示量的 98%	☑.符合规定 □.不符合规定
2	22.10	2.0	20.10			
3	22.10	2.0	20.10			
4	22.14	2.0	20.14			
5	22.14	2.0	20.14			
备注						

结论	符合规定	检验员	周	复核员	孙

销售管理(供应链)系统 - [销售出库序时簿]

系统(S) 文件(F) 编辑(E) 查看(V) 格式(O) 下推(M) 帮助(H) Kingdee 请输入助记码

新增 修改 删除 查看 审核 核销 复制 凭证 上查 下查 关联信息 赠品 附件 拒绝 打印 预览 刷新 过滤 查找 消息 短信 邮件 退出

主控台 销售出库序时簿

销售出库

共计：14张单据，16条记录（取数时间：1.14秒）

日期 ▷ 单据编号 ▷ 购货单位 ▷ 查询

日期	审核	单据编号	购货单位	发货仓库	产品长代码	产品名称	规格型号	单位	批号	实发数量	单位成本	成本	销售单价	销售金额
[illegible]														
				成品仓库	02.B.0401CP		20KG/桶	KG	415050507	240.0000	43.39	10,413.76	0.00	0.00
2015-05-08	Y	XOUT02	北京	生物成品仓库	02.B.0401CP		20KG/桶	KG	415050507	500.0000	43.39	21,695.34	68.00	34,000.00
2015-06-01	Y	XOUT02	济南	农副成品仓库	02.B.0401CP		20KG/桶	KG	415060102	200.0000	43.08	8,615.38	80.00	16,000.00
2015-06-02	Y	XOUT02	济南	成品仓库	02.B.0401CP		20KG/桶	KG	415060102	500.0000	43.06	21,538.45	80.00	40,000.00
2015-08-04	Y	XOUT02	济南	成品仓库	02.B.0401CP		20KG/桶	KG	415080301	400.0000	43.28	17,313.80	80.00	32,000.00
2015-08-14	Y	XOUT02	济南	成品仓库	02.B.0401CP		20KG/桶	KG	415080301	100.0000	43.28	4,328.45	80.00	8,000.00
2015-09-05	Y	XOUT02	济南	成品仓库	02.B.0401CP		20KG/桶	KG	415090213	500.0000	41.81	20,905.73	80.00	40,000.00
2015-09-28	Y	XOUT02	济南	成品仓库	02.B.0401CP		20KG/桶	KG	415092904	1,000.0000	41.81	41,811.46	80.00	80,000.00
2015-11-05	Y	XOUT02	北京	成品仓库	02.B.0401CP		20KG/桶	KG	415110509	300.0000	42.56	12,768.66	68.00	20,400.00
2015-11-24	Y	XOUT02	济南	成品仓库	02.B.0401CP		20KG/桶	KG	415112411	500.0000	42.56	21,281.11	80.00	40,000.00
2015-12-08	Y	XOUT02	济南	成品仓库	02.B.0401CP		20KG/桶	KG	415120702	300.0000	42.70	12,811.14	80.00	24,000.00
2015-12-24	Y	XOUT02	济南	成品仓库	02.B.0401CP		20KG/桶	KG	415120702	700.0000	42.70	29,892.66	80.00	56,000.00
2015-12-31	Y	XOUT02	济南	成品仓库	02.B.0401CP		20KG/桶	KG	415123001	1,000.0000	42.70	42,703.80	80.00	80,000.00
				成品仓库	02.B.0401CP		20KG/桶	KG	415123002	300.0000	42.70	12,811.14	0.00	0.00
2016-04-05	Y	XOUT02	济南	成品仓库	02.B.0401CP		20KG/桶	KG	415123002	300.0000	0.00	0.00	80.00	24,000.00
合计:										7,300.0000		298,850.59		531,200.00

执法人员：周
马

程
2016.4.15

2016.4.15

就绪 浙江 生物股份有限公司 浙江 生 五笔字型 期 尹

销售管理(供应链) 18:54

证据复制（提取）单

取证机关：海宁市农业经济局　　　2016年　4月　14日

交货地点：尹[redacted] 0531-888[redacted]济南　送

发货单

单据号　4150[redacted]　开单日期20150929　业务员：　陈[redacted]

要货单位：济南[redacted]动物营养品有限公司（kzj 1571B

品名	规格	单位	数量
[redacted]	20KG/桶	公斤	500

提货人：[redacted]　　　　录入人：唐[redacted]

程[redacted]
2016.4.14

以上证据是其中发货单，其单据号和销售出库记录的批号是一致的。

提取人：周[redacted] 马[redacted]	提供单位：浙江[redacted]生物股份有限公司 2016 年 4月 14日

证据复制（提取）单

取证机关：海宁市农业经济局　　　　2016年 4月 14日

交货地点：尹[redacted]0531-888[redacted]济南　送

发货单

单据号 4150[redacted]　开单日期20150929　业务员：　陈[redacted]

要货单位：济南[redacted]动物营养品有限公司（kzj 1571B

品名	规格	单位	数量
[redacted]	20KG/桶	公斤	1,000

提货人：[redacted]　　　　录入人：唐[redacted]

程[redacted]
2016.4.14

以上证据是本事发货单，其单据号和销售出库记录的批号是一致的。

提取人：周[redacted] 李[redacted]	提供单位：浙江[redacted]生物股份有限公司 2016 年 4 月 14 日

证据复制（提取）单

取证机关：海宁市农业经济局　　2016年4月14日

交货地点：高[redacted]135[redacted]
010-627[redacted]北京市平谷区[redacted]

发货单

单据号 4151[redacted]　开单日期20151105　业务员：林[redacted]

要货单位：北京[redacted]农业科技有限公司 5542

品名	规格	单位	数量
[redacted]	20KG/桶	公斤	300

提货人：[redacted]　　　　录入人：唐[redacted]

[redacted]

2016.4.14

以上证据是发货单，其单据号和销售出库记录的批号是一致的。

提取人：周[redacted] 马[redacted]	提供单位：浙江[redacted]生物股份有限公司 2016年4月14日

证据复制（提取）单

取证机关：海宁市农业经济局　　2016年 4月 14日

交货地点：尹[redacted] 0531-888[redacted] 济南　送

发货单

单据号 4151[redacted]　开单日期20151124　业务员：陈[redacted]

要货单位：济南[redacted]动物营养品有限公司（kz1 1571B

品名	规格	单位	数量
[redacted]	20KG/桶	公斤	500

提货人：孙[redacted]　　录入人：唐[redacted]

程[redacted]
2016.4.14

以上证据是발货单，其单据号和销售出库记录的批号是一致的。

提取人：周[redacted] 马[redacted]	提供单位：浙江[redacted]生物股份有限公司 2016 年 4月 14日

证据复制（提取）单

取证机关：海宁市农业经济局　　2016年 4月 14日

交货地点：尹 0531-888 济南　送

发货单

单据号 4151　开单日期20151208　业务员：　陈

要货单位：济南 动物营养品有限公司（kzp 1571B

品名	规格	单位	数量
	20KG/桶	公斤	300

提货人：　　　　录入人：唐

程
2016.4.14

以上证据是本发货单，其单据号和销售出库记录的批号是一致的。

提取人：周	提供单位：浙江 生物股份有限公司
马	2016 年 4月 14日

浙江省农业行政执法总队

浙农法函〔2016〕4号

关于商请协查销售使用无证饲料产品的函

北京市动物卫生监督所：

近日，我省执法部门在检查中发现浙江[redacted]动物药品有限公司（浙江省海宁市[redacted]）涉嫌无证生产饲料产品，经调取该公司销售出库记录（见附表1）显示：2015年5月至2016年4月，“[redacted]”饲料产品（见附表2）的2个批次发往你市[redacted]生物科技股份公司、[redacted]农业科技有限公司。因案情较复杂、涉案金额较大，望贵所协助调查两家公司购买“[redacted]”产品的进货凭证及对应该产品批次的生产日期（实物照片为佳）。

此函盼复！

联系人：浙江省农业行政执法总队　黄[redacted]

联系电话、传真：0571-8675[redacted]

附件：1. 浙江[redacted]动物药品有限公司销售出库记录；

2. “[redacted]”标签。

执法人员：周[redacted]

孙[redacted]

浙江省农业行政执法总队

2016年4月15日

浙江省农业行政执法总队

浙农法函〔2016〕5号

关于商请协查销售使用无证饲料产品的函

山东省畜牧兽医局饲药处：

近日，我省执法部门在检查中发现浙江[redacted]动物药品有限公司（浙江省海宁市[redacted]）涉嫌无证生产饲料产品，经调取该公司销售出库记录（见附表1）显示：2015年5月至2016年4月，“[redacted]”饲料产品（见附表2）的14个批次发往你省济南[redacted]动物营养品有限公司、济南[redacted]农业科技有限公司。因案情较复杂、涉案金额较大，望贵处协助调查两家公司购买“[redacted]”产品的进货凭证及对应该产品批次的生产日期（实物照片为佳）。

此函盼复！

联系人：浙江省农业行政执法总队　黄[redacted]

联系电话、传真：0571-8675[redacted]

附件：1. 浙江[redacted]动物药品有限公司销售出库记录；

2. “[redacted]”标签。

浙江省农业行政执法总队

2016年4月15日

执法人员：周[redacted]

马[redacted]

北京市动物卫生监督所

京动监函〔2016〕5号

北京市动物卫生监督所
关于协查销售使用无证饲料产品的复函

浙江省农业执法总队：

贵队《关于商请协查销售使用无证饲料产品函》（浙农法函〔2016〕4号）文件已于2016年4月19日收悉，并立即组织北京市饲料执法人员深入实地开展了执法检查，现将基本情况函复如下：

通过梳理贵队发送的浙江[redacted]动物药品有限公司于2015年5月5日至2016年4月5日期间“[redacted]”《销售出库记录》照片、“[redacted]”的饲料标签照片和《添加剂预混合饲料生产许可证》照片等证据材料显示，浙江[redacted]动物药品有限公司于2010年4月20日取得了《添加剂预混合饲料生产许可证》（饲预（2010）[redacted]），该证于2015年4月19日到期，该公司生产的“[redacted]”曾于2015年5月8日和2015年11月5日分别销售到北京[redacted]生物科技股份公司和北京[redacted]农业科技有限公司。“[redacted]”饲料产品的主要成分是烟酸铬和酵母硒。

执法人员：周[redacted] 马[redacted]

2016年4月20日北京市饲料执法人员到北京[redacted]生物科技股份公司进行了现场检查，查看了该公司的生产许可证、2015年5月份采购记录、5月份原料进货台账等材料。北京[redacted]生物科技股份公司于2015年5月12日从浙江[redacted]动物药品有限公司采购了“[redacted]”500公斤（详见附件1），规格20公斤/桶，生产日期为2015年3月28日。截止2016年4月20日，已全部用完，无库存。现场看到了使用完的“[redacted]”包装桶（详见附件2）。

2016年4月21日饲料执法人员到北京[redacted]农业科技有限公司进行现场检查，查看了该公司的生产许可证、2015年10、11、12月份原料进货台账、2015年10月份至今的生产配方等材料，检查了生产车间、成品库、原料库等。经查，现场未发现“[redacted]”，该公司配方单上未使用“[redacted]”，部分产品配方上有3%有机铬、硒粉添加剂，原料库中有吡啶甲酸铬Ⅰ型、京宝硒（亚硒酸钠）及使用记录。

经查，2015年5月至今浙江[redacted]动物药品有限公司生产的“[redacted]”饲料产品仅销售到北京的北京[redacted]生物科技股份公司，销售的该产品是在饲料生产许可证未过期期间生产的，属于合法产品，销售到北京[redacted]农业科技有限公司的信息查不属实。

附件：1. 北京[redacted]生物科技股份公司2015年5月份采购记

录

2. 使用完的“[redacted]”包装桶照片和饲料标签照片

北京市动物卫生监督所

2016 年 5 月 5 日

山东省畜牧兽医局

关于调查使用无证饲料产品的回复

浙江省农业行政执法总队：

收到贵单位协查函（浙农法函〔2016〕5号）后，我局立即责成济南市针对相关企业进行调查，现将调查情况转贵局，请查收。

山东省畜牧兽医局

2016年5月15日

执法人员：周[redacted]

孙[redacted]

济南市畜牧兽医局

关于协助调查销售使用无证饲料产品的情况汇报

山东省畜牧兽医局：

我局接到《关于协助调查销售使用无证饲料产品的通知》（鲁牧饲函字〔2016〕23 号）后，高度重视，立即由济南市畜牧兽医局和历下区发改委、高新区农村经济服务中心两级人员组成的调查组，先后到济南[redacted]农业科技有限公司、济南[redacted]动物营养品有限公司现场调查。主要情况为：

济南[redacted]农业科技有限公司，该企业在济南市高新区[redacted]。经查：该公司所购进的两批“[redacted]”饲料产品与（鲁牧饲函字〔2016〕23 号）通知所附销售出库材料显示的数量一致。其中 2015 年 6 月 11 日购进的 200 公斤，批号 415060102，于 8 月 25 日销往丰县[redacted]商贸有限公司，2015 年 8 月 19 日购进 100 公斤，批号 415080301，于 10 月 26 日销往河南[redacted]农牧股份有限公司。两个批次生产日期标注均为 2015 年 4 月 9 日，为 2015 年 4 月 19 日之前生产。

济南[redacted]动物营养品有限公司，公司位于济南市历下区[redacted]。经查：该公司自 2015 年 5 月份以来，先后从浙江[redacted]动物药品有限公司（浙江省海宁市[redacted]）购买“[redacted]”饲料产品 10 批、6200 公斤，与（鲁牧饲函字〔2016〕23 号）通知所附销售出库材料显示的总数量一致。其中，共有 8 个批号标注为 2015 年 4 月 19 日前生产、2 个批号标注为 2015 年 4 月 19 日以后生产。8 个批号分别为：2015 年 5 月 9 日进货，批号 415032804、460 公斤，批号 415050507、240 公斤，生产日期均标注为 2015 年 3 月 30 日。2015 年 6 月 4 日进货，批号 415060102、400 公斤，生产日期标注为 2015 年 4 月 9 日。2015 年 8 月 8 日进货，批号 415080301、500 公斤，生产日期标注为 4 月 9 日。2015 年 9 月 4 日进货，批号 415090213、500 公斤，生产日期标准为 2015 年 4 月 9 日。2015 年 10 月 1 日进货，批号 415092904、1000 公斤，生产日期标注为 2015 年 4 月 9 日。2015 年 12 月 1 日进货，批号 415112411、500 公斤，生产日期标注为 2015 年 4 月 9 日。2015 年 12 月 15 日进货，批号 415120702、300 公斤，生产日期标注为 2015 年 4 月 9 日。2016 年 1 月 1 日进货，批号 415120702、700 公斤，生产日期标注为 2015 年 4 月 9 日。2015 年 6 月 4 日和 2015 年 8 月 8 日两批货的发货数量与浙江[redacted]动物药品有限公司销售出库不符，其原因是 6 月 4 日发来 500 公斤货其中 100 公斤发货方调往济南[redacted]农业科技有限公司，8 月 8 日发货方又补充上了 100 公斤。2015 年 9 月 4 日进货时间与浙江动物药品有限公司销售出库为 9 月 5 日时间不符，属浙江动物药品有限公司销售出库记录有误，应为 2015 年 9 月 2 日销售发货。2015 年 4 月 19 日以后生产的 2 个批号为：2016 年 1 月 3 日进货，批号 415123001、1000 公斤，批号 415123002、300 公斤，两批生产日期均标注为 2015 年 12 月 30 日。2016 年 4 月 7 日进货，批号 415123002、300 公斤，生产日期标注为 2015 年 12 月 30 日。该公司核实 2016 年 1 月 3 日和 4 月 7 日所进的共计 16000 公斤为 2015 年 4 月 19 日以后生产之后，即将剩余的 690.8 公斤退回浙江动物药品有限公司。

附件：1、济南农业科技有限公司购销台帐

2、济南动物营养品有限公司相关记帐凭证、原料采购记录和原料留样观察记录

3、济南动物营养品有限公司 4 月 27 日第 0191 号记帐凭证

4、杭州信义（顺义）储运单

济南市畜牧兽医局

2016 年 5 月 6 日

发票日期	进项发票客户	开票内容		数量
2015.05.07	广西 昌贸易有限公司	饲料级氯化钠	吨	40
2015.07.06	潍坊 科技饲料有限公司	加丽素黄	KG	100
2015.05.27	潍坊 科技饲料有限公司	加丽素黄	KG	100
2015.05.16	潍坊 科技饲料有限公司	加丽素红	KG	100
2015.01.12	山东 六和集团有限公司	蛋氨酸		19500
2015.04.07	山东 六和集团有限公司	固体蛋氨酸	公斤	10500
2015.06.25	潍坊 科技饲料有限公司	加丽素红	KG	200
2015.07.06	潍坊 科技饲料有限公司	加丽素红	KG	200
2015.05.27	潍坊 科技饲料有限公司	加丽素红	KG	300
2015.07.06	潍坊 科技饲料有限公司	加丽素黄	KG	100
2015.05.27	潍坊 科技饲料有限公司	加丽素黄	KG	100
2015.06.09	青岛 商贸有限公司	赖氨酸硫酸盐	公斤	23000
2015.06.09	青岛 商贸有限公司	赖氨酸硫酸盐	公斤	23000
2015.06.09	青岛 商贸有限公司	赖氨酸硫酸盐	公斤	23000
2015.06.09	青岛 商贸有限公司	赖氨酸硫酸盐	公斤	23000
2015.05.16	潍坊 科技饲料有限公司	加丽素黄	KG	200
2015.08.04	杭州 贸易有限公司	叶酸	公斤	50
2015.08.08	潍坊 科技饲料有限公司	加丽素红	KG	20
2015.07.01	山东 药业股份有限公司	喹乙醇	kg	100
2015.08.11	山东 药业股份有限公司	喹乙醇	kg	200
2015.07.13	山东 药业股份有限公司	喹乙醇	kg	200
2015.07.29	潍坊 科技饲料有限公司	加丽素红	KG	300
2015.06.11	浙江 动物药品有限公司	仔猪用复合预混合饲料（益丰宝）-	公斤	200
2015.08.25	杭州 贸易有限公司	蛋氨酸	公斤	2500
2015.08.25	杭州 贸易有限公司	蛋氨酸	公斤	2500
2015.08.14	浙江 动物药品有限公司	吉农	公斤	100
2015.08.14	浙江 动物药品有限公司	诺农	公斤	200
2015.05.29	浙江 动物药品有限公司	诺农	公斤	1000
2015.03.27	济南 科贸有限公司	维生素B12	KG	500
2015.08.04	杭州 贸易有限公司	叶酸	公斤	50
2015.07.29	潍坊 科技饲料有限公司	加丽素黄	KG	100
2015.08.29	潍坊 科技饲料有限公司	加丽素黄	KG	140
2015.08.21	潍坊 科技饲料有限公司	加丽素黄	KG	100
2015.08.21	潍坊 科技饲料有限公司	加丽素红	KG	200
2015.09.18	宁波 生物科技有限公司	维生素E	KG	600
2015.09.22	潍坊 科技饲料有限公司	加丽素红	KG	260
2015.09.17	潍坊 科技饲料有限公司	加丽素红	KG	20
2015.09.07	潍坊 科技饲料有限公司	加丽素红	KG	20
2015.09.07	潍坊 科技饲料有限公司	加丽素红	KG	40
2015.09.12	潍坊 科技饲料有限公司	加丽素红	KG	60
2015.09.23	杭州 生物科技有限公司	胡萝卜素（饲料级）	千克	100
2015.08.04	杭州 贸易有限公司	叶酸	公斤	50
2015.08.04	杭州 贸易有限公司	叶酸	公斤	50
2015.10.19	杭州 生物科技有限公司	叶酸	KG	25
2015.09.14	浙江 动物药品有限公司	吉农	公斤	60
2015.09.14	浙江 动物药品有限公司	诺农	公斤	750
2015.08.19	浙江 动物药品有限公司	仔猪用复合预混合饲料（益丰宝）-	公斤	100
2015.06.15	济南 商贸有限公司	球零	KG	200
2015.09.10	杭州 生物科技有限公司	维生素B2	KG	500
2015.09.10	杭州 生物科技有限公司	维生素B2	KG	500
2015.10.23	山东 药业股份有限公司	喹乙醇	kg	150
2015.09.18	山东 药业股份有限公司	喹乙醇	kg	200
2015.06.09	青岛 商贸有限公司	赖氨酸硫酸盐	公斤	23000

发票日期	进项发票客户	开票内容		数量
2015.11.25	厦门 工贸有限公司	维生素E	KG	100
2015.11.25	厦门 工贸有限公司	合成维生素E醋酸酯干粉	KG	260
2015.11.25	厦门 工贸有限公司	合成维生素E醋酸酯干粉	KG	200
2015.11.25	厦门 工贸有限公司	合成维生素E醋酸酯干粉	KG	500
2015.12.28	济南 商贸有限公司	蛋氨酸	KG	3000
2015.12.28	济南 商贸有限公司	蛋氨酸	KG	2000
2015.12.28	济南 商贸有限公司	蛋氨酸	KG	1000
2016.01.18	济南 商贸有限公司	蛋氨酸	KG	3000
2015.01.20	新昌 生物科技有限公司	斑蝥黄微粒	千克	250
2016.01.20	新昌 生物科技有限公司	斑蝥黄微粒	千克	250
2016.01.18	浙江 进出口股份有限公司	叶酸	公斤	20
2016.01.18	宁波 生物科技有限公司	蛋氨酸	千克	3000
2016.01.18	宁波 生物科技有限公司	蛋氨酸	千克	3000
2016.01.18	宁波 生物科技有限公司	蛋氨酸	千克	2000
2016.01.18	浙江 进出口股份有限公司	叶酸	公斤	20
2015.10.19	潍坊 科技饲料有限公司	加丽素红	KG	20
2015.11.24	潍坊 科技饲料有限公司	加丽素黄	KG	100
2015.10.16	潍坊 科技饲料有限公司	加丽素红	KG	60
2015.10.09	潍坊 科技饲料有限公司	加丽素红	KG	40
2016.03.29	济南 商贸有限公司	蛋氨酸	KG	3000
2016.03.16	济南 商贸有限公司	蛋氨酸	KG	1200
2016.03.16	济南 商贸有限公司	蛋氨酸	KG	2000
2016.03.16	济南 商贸有限公司	蛋氨酸	KG	3800
2016.02.28	济南 商贸有限公司	蛋氨酸	KG	3000
2016.03.21	宁波 生物科技有限公司	维生素E	KG	500
2016.03.01	青岛 经贸有限公司	苏氨酸	千克	9800
2016.03.01	青岛 经贸有限公司	苏氨酸	千克	10000
2016.03.01	青岛 经贸有限公司	苏氨酸	千克	10000
2016.03.01	青岛 经贸有限公司	苏氨酸	千克	10000
2016.01.18	北京 生物技术有限公司	维生素D3		75
2015.11.19	山东 药业股份有限公司	喹乙醇	kg	150
2016.01.06	山东 药业股份有限公司	喹乙醇	kg	150
2015.12.05	潍坊 科技饲料有限公司	加丽素黄	KG	140
2016.01.01	潍坊 科技饲料有限公司	加丽素黄	KG	150
2016.01.17	潍坊 科技饲料有限公司	加丽素红	KG	120
2015.12.28	山东 农牧科技股份有限公司	加丽素红10%	公斤	40
2015.12.28	山东 农牧科技股份有限公司	加丽素红10%	公斤	40
2015.10.27	山东 农牧科技股份有限公司	加丽素红10%	公斤	200
2015.10.26	济南 商贸有限公司	球零	KG	100
2015.12.11	杭州 生物科技有限公司	泛酸钙	KG	1000
2016.03.29	济南 商贸有限公司	蛋氨酸	KG	2000
2016.04.27	济南 商贸有限公司	蛋氨酸	KG	2000
2016.04.27	济南 商贸有限公司	蛋氨酸	KG	4000
2016.04.27	济南 商贸有限公司	蛋氨酸	KG	4000
2016.04.27	济南 商贸有限公司	蛋氨酸	KG	4000
2016.04.28	济南 商贸有限公司	蛋氨酸	KG	3000
2016.04.28	济南 商贸有限公司	蛋氨酸	KG	3000

发票日期	销项发票客户	开票内容		数量
2015.05.29	济南[redacted]动物营养品有限公司	饲料级氯化钠	吨	8
2015.05.29	济南[redacted]饲料有限公司	饲料级氯化钠	吨	32
2015.05.29	杭州[redacted]生物科技有限公司	加丽素黄	KG	200
2015.05.29	杭州[redacted]生物科技有限公司	加丽素红	KG	100
2015.07.14	宁波市[redacted]化工科技有限公司	蛋氨酸	KG	2000
2015.07.14	宁波市[redacted]化工科技有限公司	蛋氨酸	KG	2000
2015.07.14	宁波市[redacted]化工科技有限公司	蛋氨酸	KG	2000
2015.07.14	宁波市[redacted]化工科技有限公司	蛋氨酸	KG	2000
2015.07.14	宁波市[redacted]化工科技有限公司	蛋氨酸	KG	2000
2015.07.14	石家庄市[redacted]商贸有限公司	蛋氨酸	KG	2500
2015.07.14	石家庄市[redacted]商贸有限公司	蛋氨酸	KG	2500
2015.07.14	石家庄市[redacted]商贸有限公司	蛋氨酸	KG	2000
2015.07.14	石家庄市[redacted]商贸有限公司	蛋氨酸	KG	2500
2015.07.14	石家庄市[redacted]商贸有限公司	赖氨酸硫酸盐	KG	2000
2015.07.14	石家庄市[redacted]商贸有限公司	赖氨酸硫酸盐	KG	20000
2015.07.14	石家庄市[redacted]商贸有限公司	赖氨酸硫酸盐	KG	20000
2015.07.14	石家庄市[redacted]商贸有限公司	赖氨酸硫酸盐	KG	20000
2015.07.14	石家庄市[redacted]商贸有限公司	赖氨酸硫酸盐	KG	11000
2015.07.14	杭州[redacted]生物科技有限公司	加丽素红	KG	350
2015.07.14	杭州[redacted]生物科技有限公司	加丽素红	KG	350
2015.07.14	杭州[redacted]生物科技有限公司	加丽素黄	KG	200
2015.07.14	杭州[redacted]生物科技有限公司	固体蛋氨酸	KG	2500
2015.07.14	杭州[redacted]生物科技有限公司	固体蛋氨酸	KG	2500
2015.07.14	杭州[redacted]生物科技有限公司	固体蛋氨酸	KG	2500
2015.07.14	杭州[redacted]生物科技有限公司	固体蛋氨酸	KG	2500
2015.07.14	山东[redacted]农牧发展有限公司	固体蛋氨酸	KG	500
2015.07.14	济南[redacted]饲料有限公司	赖氨酸硫酸盐	KG	19000
2015.08.27	浙江[redacted]药业有限公司	叶酸	KG	50
2015.08.25	青岛[redacted]饲料有限公司	喹乙醇	KG	500
2015.08.25	杭州[redacted]生物科技有限公司	加丽素红	KG	20
2015.08.25	中粮[redacted]有限公司	加丽素红	KG	200
2015.08.25	杭州[redacted]生物科技有限公司	加丽素红	KG	100
2015.08.25	宁波市[redacted]化工科技有限公司	蛋氨酸	KG	3000
2015.08.25	宁波市[redacted]化工科技有限公司	蛋氨酸	KG	2000
2015.08.25	丰县[redacted]商贸有限公司	诺农	KG	1200
2015.08.25	丰县[redacted]商贸有限公司	仔猪用复合预混合饲料（益丰宝）一	KG	200
2015.08.25	丰县[redacted]商贸有限公司	吉农	KG	100
2015.08.12	济南[redacted]动物营养品有限公司	维生素B12	KG	500
2015.09.28	杭州[redacted]生物科技有限公司	加丽素红	KG	200
2015.09.28	杭州[redacted]生物科技有限公司	加丽素黄	KG	170
2015.09.28	杭州[redacted]生物科技有限公司	加丽素黄	KG	170
2015.09.19	新昌县[redacted]贸易有限公司	维生素E	KG	600
2015.09.16	宁波市[redacted]生物科技有限公司	叶酸	KG	50
2015.10.23	山东[redacted]药业有限公司	球零	KG	100
2015.10.23	济南[redacted]动物营养品有限公司	维生素B2	KG	500
2015.10.23	济南[redacted]动物营养品有限公司	维生素B2	KG	500
2015.10.09	宁波市[redacted]生物科技有限公司	胡萝卜素（饲料级）	千克	100
2015.10.09	宁波市[redacted]生物科技有限公司	叶酸	公斤	25
2015.10.24	济南[redacted]动物营养品有限公司	叶酸	公斤	50
2015.10.24	济南[redacted]动物营养品有限公司	叶酸	公斤	50
2015.10.24	中粮[redacted]（沛县）有限公司	加丽素红	KG	130
2015.10.24	中粮[redacted]（沛县）有限公司	加丽素红	KG	130
2015.10.25	青岛[redacted]饲料有限公司	喹乙醇	KG	350
2015.10.26	河南[redacted]农牧股份有限公司	球零	KG	100

发票日期	销项发票客户	开票内容		数量
2015.10.26	河南 农牧股份有限公司	加丽素红	KG	140
2015.10.26	河南 农牧股份有限公司	吉农	公斤	60
2015.10.26	河南 农牧股份有限公司	诺农	公斤	750
2015.10.26	河南 农牧股份有限公司	仔猪用复合预混合饲料（益丰宝）	公斤	100
2015.11.30	杭州 生物科技有限公司	赖氨酸硫酸盐	公斤	23000
2015.11.23	宁波市 生物科技有限公司	合成维生素E醋酸酯干粉	千克	460
2015.11.23	宁波市 生物科技有限公司	维生素E	千克	100
2015.11.23	宁波市 生物科技有限公司	合成维生素E醋酸酯干粉	千克	500
2016.01.23	宁波市 生物科技有限公司	加丽素红	公斤	120
2016.01.23	宁波市 生物科技有限公司	加丽素黄	公斤	100
2016.01.23	宁波市 生物科技有限公司	叶酸	公斤	40
2016.01.21	中粮 （沛县）有限公司	斑蝥黄微粒	千克	250
2016.01.21	中粮 （沛县）有限公司	斑蝥黄微粒	千克	250
2016.01.21	宁波市 化工科技有限公司	蛋氨酸	KG	3000
2016.01.21	宁波市 化工科技有限公司	蛋氨酸	KG	3000
2016.01.21	宁波市 化工科技有限公司	蛋氨酸	KG	3000
2016.01.21	宁波市 化工科技有限公司	蛋氨酸	KG	2000
2016.01.15	宁波市 化工科技有限公司	蛋氨酸	KG	3000
2016.01.15	宁波市 化工科技有限公司	蛋氨酸	KG	3000
2016.03.24	新昌县 贸易有限公司	维生素E	KG	500
2016.03.08	山东 生物科技有限公司潍坊分公	苏氨酸	千克	10000
2016.03.08	山东 生物科技有限公司潍坊分公	苏氨酸	千克	10000
2016.03.08	山东 生物科技有限公司潍坊分公	苏氨酸	千克	10000
2016.03.08	山东 生物科技有限公司潍坊分公	苏氨酸	千克	9800
2016.03.08	宁波市 科技有限公司	蛋氨酸	KG	3000
2016.03.08	宁波市 科技有限公司	蛋氨酸	KG	3000
2016.03.08	宁波市 科技有限公司	蛋氨酸	KG	2000
2016.03.08	宁波市 科技有限公司	蛋氨酸	KG	3000
2016.03.08	宁波市 科技有限公司	蛋氨酸	KG	2000
2016.03.08	宁波市 科技有限公司	蛋氨酸	KG	200
2016.04.27	青岛 饲料有限公司	喹乙醇	kg	300
2016.04.27	济南 动物营养品有限公司	维生素D3	kg	75
2016.04.28	杭州 生物科技有限公司	加丽素红10%	公斤	200
2016.04.28	杭州 生物科技有限公司	加丽素黄	KG	220
2016.04.29	杭州 生物科技有限公司	加丽素黄	KG	70

记账凭证

2015-05-13

动物营养品有限公司 　　　　　　　　第00[redacted]号凭证 —0001/0002

	会计科目	借方	贷方
5000*10	原材料　【复合抗氧化剂】	50,000.00	
5000*10	应付账款\单位　【上海[redacted]生物科技有限公司】		50,000.00
杀300*105	原材料　【SL球杀Ⅱ】	31,500.00	
300*105采购[redacted] [redacted]700*80	应付账款\单位　【浙江[redacted]动物药品有限公司】		87,500.00
采购[redacted]700*80	原材料　【[redacted]】	56,000.00	
采购白砂糖-1750*5.7	原材料　【白砂糖】	-9,975.00	
附单据：6	合计：		

记账：邢[redacted]　　审核：赵[redacted]　　出纳：　　制单：邢[redacted]　　【正邦】

075

记账凭证

2015-06-08

06期

[illegible]的[illegible]动物营养品有限公司　　　　第00[illegible]号凭证 —0002/00[illegible]

摘要	会计科目	借方	贷方
[illegible]500*175	原材料　【维生素B1（98-101%）】	87,500.00	
[illegible]500*175	应付账款\单位　【浙江[illegible]药业有限公司】		87,500.00
[illegible]400*80	原材料　【[illegible]】	32,000.00	
[illegible]00*80采购球	应付账款\单位　【浙江[illegible]动物药品有限公司】		84,500.00
[illegible]500*105	原材料　【SL球杀 II】	52,500.00	
[illegible]乐达奶香25*55	原材料　【乐达奶香】	1,375.00	
附单据：9	合计：		[illegible]

记账：邢[illegible]　　审核：赵[illegible]　　出纳：　　制单：邢[illegible]

6

记账凭证

日期 2015-08-10

单位：[redacted]动物营养品有限公司　　　　第00[redacted]号凭证 —0003/0004

摘要	会计科目	借方	贷方
采购益丰宝500*80	原材料 【[redacted]】	40,000.00	
采购益丰宝500*80	应付账款\单位 【浙江[redacted]动物药品有限公司】		40,000.00
采购白炭黑500*3.7	原材料 【白炭黑】	1,850.00	
采购白炭黑500*3.7	应付账款\单位 【东营市[redacted]化工有限公司】		1,850.00
采购科润硫粘500*100	原材料 【科润硫粘】	50,000.00	
采购硫酸镁500*2.2	原材料 【硫酸镁10%】	1,100.00	
附单据：11	合计：		

记账：邢[redacted]　　审核：赵[redacted]　　出纳：　　制单：邢[redacted]　　【正邦】

077

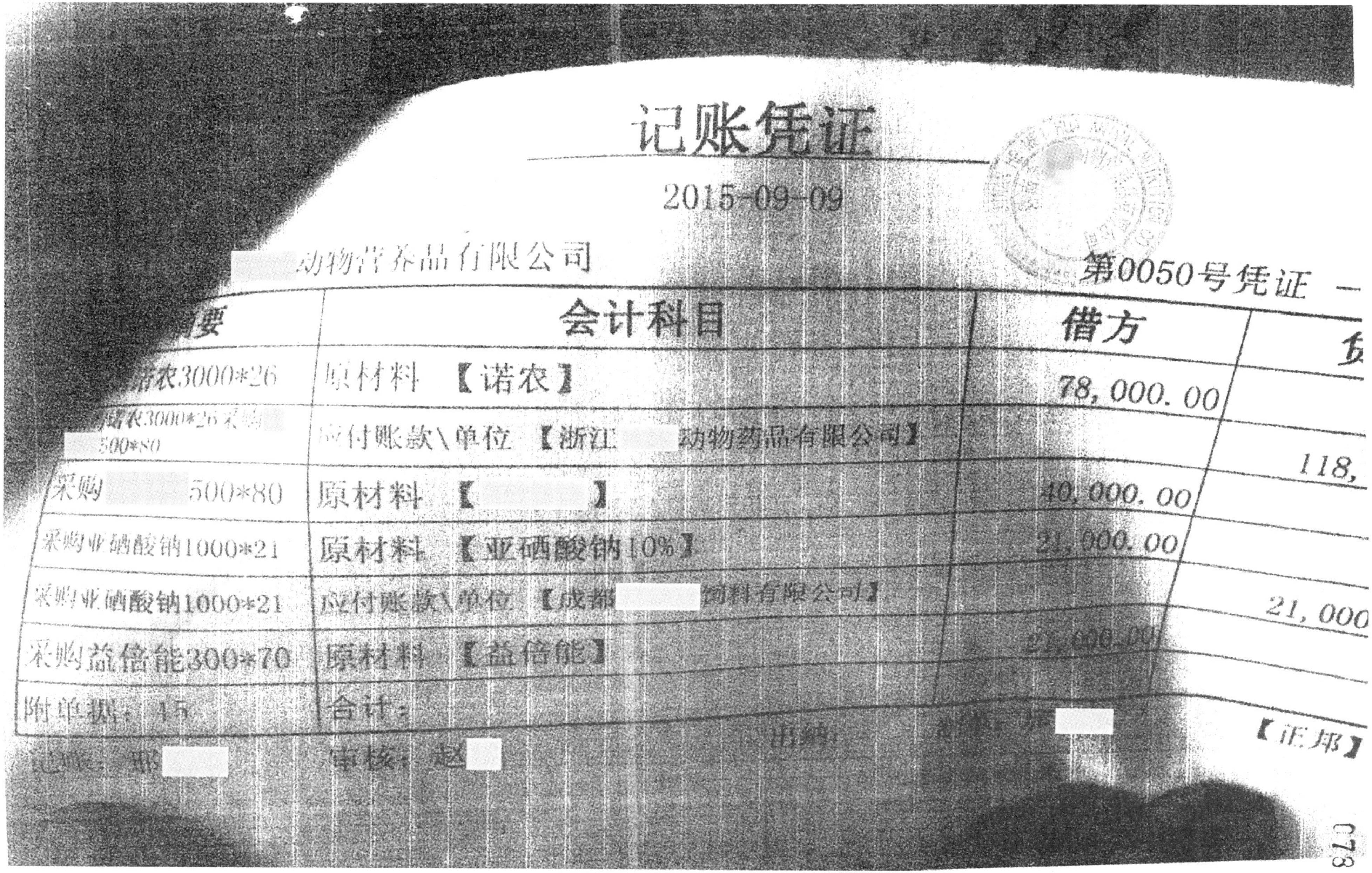

记账凭证

2015-09-09

[redacted]动物营养品有限公司　　　　第0050号凭证

摘要	会计科目	借方	贷
诺农3000*26	原材料 【诺农】	78,000.00	
诺农3000*26采购[redacted] [redacted]500*80	应付账款\单位 【浙江[redacted]动物药品有限公司】		118,
采购[redacted]500*80	原材料 【[redacted]】	40,000.00	
采购亚硒酸钠1000*21	原材料 【亚硒酸钠10%】	21,000.00	
采购亚硒酸钠1000*21	应付账款\单位 【成都[redacted]饲料有限公司】		21,000
采购益倍能300*70	原材料 【益倍能】	21,000.00	
附单据：15	合计：		

记账：邢[redacted]　　审核：赵[redacted]　　出纳：　　制单：邢[redacted]　　【正邦】

078

079

记账凭证

2015-10-07

动物营养品有限公司

第00 号凭证 —0003/0005

摘要	会计科目	借方	贷方
采购益生素3000*26采购益 1000*80	应付账款\单位 【浙江 动物药品有限公司】		158,000.00
采购 1000*80	原材料 【 】	80,000.00	
采购益生素2000*20	原材料 【禽用益生素】	40,000.00	
采购益生素2000*20	应付账款\单位 【山东 生物工程股份有限公司】		40,000.00
采购VA1000*97	原材料 【VA 500】	97,000.00	
采购VA1000*97	应付账款\单位 【浙江 添加剂有限公司】		97,000.00
附单据: 15	合计:		

记账: 邢　　审核: 赵　　出纳:　　制单: 邢　　【正邦】

记账凭证

2015-12-05

期

南　动物营养品有限公司　　　　第00　号凭证

摘要	会计科目	借方	贷方
采购　500*80	原材料　【　】	40,000.00	
采购诺农1300*26	原材料　【诺农】	111,800.00	
采购亚硒酸钠500*14	原材料　【亚硒酸钠10%】	7,000.00	
采购亚硒酸钠500*14采购碘酸钙500*20.5	应付账款\单位　【成都　饲料有限公司】		17,250.00
采购碘酸钙500*20.5	原材料　【碘酸钙10%】	10,250.00	
采购VB12,500*188	原材料　【维生素B12（1%）】	94,000.00	
附单据：29	合计：		

记账：高　　审核：高　　出纳：　　制单：邢　　【南邦】

030

记账凭证

2015 12 18

动物营养品有限公司　　　　第01 号凭证 —0004/0006

要	会计科目	借方	贷方
300*80	原材料 【 】	24,000.00	
300*80采购球杀 105采购诺农1500*26	应付账款\单位 【浙江 生物股份有限公司】		84,000.00
采购球杀200*105	原材料 【SL球杀II】	21,000.00	
采购诺农1500*26	原材料 【诺农】	39,000.00	
采购金霉素1000*15	原材料 【SL金霉素15%】	15,000.00	
采购金霉素1000*15	应付账款\单位 【驻马店 有限公司】		15,000.00
附单据：20	合计：		

记账：高　　审核：高　　出纳：　　制单：邢　　【正邦】

081

记账凭证

2016-01-05

……明 ……动物营养品有限公司　　　　第00　号凭证 -0003/00[illegible]

摘要	会计科目	借方	贷方
[illegible]100*300	原材料　【叶酸（97%）】	30,000.00	
采购[illegible]100*300	应付账款\单位　【江西　药业有限公司】		30,000.00
采购[illegible]素1000*60	原材料　【生物素（2%）】	60,000.00	
[illegible]素1000*60	应付账款\单位　【浙江　添加剂有限公司】		60,000.00
[illegible]10000*39	应付账款\单位　【浙江　药业有限公司】		390,000.00
[illegible]700*80	原材料　【　】	56,000.00	
[illegible]据：30	合计：		

[illegible]：邢　　审核：高　　出纳：　　制单：邢　　【[illegible]】

记账凭证

2016-01-14

动物营养品有限公司　　　　　　第00　号凭证 —0001/0[illegible]

摘要	会计科目	借方	贷方
[illegible]1300*80	原材料 【　】	104,000.00	
[illegible]1300*80	应付账款\单位 【浙江　生物股份有限公司】		104,000.[illegible]
[illegible]1000*3.7	原材料 【白炭黑】	3,700.00	
[illegible]1000*3.7	应付账款\单位 【东营市　化工有限公司】		3,700.0[illegible]
[illegible]100*300	原材料 【叶酸（97%）】	30,000.00	
[illegible]	应付账款\单位 【江西　药业有限公司】		155,000.00
[illegible]	合计：		

[illegible]　审核：高　　出纳：　　制单：邢　　【正邦】

083

原料采购记录

到货日期	供应商名称	商品名	数量
2015-5-9	浙江 动物药品有限公司		700.00
2015-6-4	浙江 动物药品有限公司		400.00
2015-8-8	浙江 动物药品有限公司		500.00
2015-9-4	浙江 动物药品有限公司		500.00
2015-10-1	浙江 动物药品有限公司		1,000.00
2015-12-1	浙江 动物药品有限公司		500.00
2015-12-15	浙江 生物股份有限公司		300.00
2016-1-1	浙江 生物股份有限公司		700.00
2016-1-3	浙江 生物股份有限公司		1,300.00
2016-4-7	浙江 生物股份有限公司		300.00
2016-4-20	浙江 生物股份有限公司		(690.80) 退货

2015.4.20后停产、属无证生产

原料留样观察记录

原料名称	进货日期	数量	生产厂家	供应商	生产日期	是否应急采购	是否引入供应商	取样人	感官判定
	2015-5-9	0.2	浙江 动物药品有限公司	浙江 动物药品有限公司	2015-3-30	否	是	屈	合格
	2015-5-9	0.5	浙江 动物药品有限公司	浙江 动物药品有限公司	2015-3-30	否	是	屈	合格
	2015-6-4	0.4	浙江 动物药品有限公司	浙江 动物药品有限公司	2015-4-9	否	是	屈	合格
	2015-8-8	0.5	浙江 动物药品有限公司	浙江 动物药品有限公司	2015-4-9	否	是	屈	合格
	2015-9-4	0.5	浙江 动物药品有限公司	浙江 动物药品有限公司	2015-4-9	否	是	屈	合格
	2015-10-1	1	浙江 动物药品有限公司	浙江 动物药品有限公司	2015-4-9	否	是	屈	合格
	2015-12-1	0.5	浙江 动物药品有限公司	浙江 动物药品有限公司	2015-4-9	否	是	屈	合格
	2015-12-15	0.3	浙江 动物药品有限公司	浙江 动物药品有限公司	2015-4-9	否	是	屈	合格

原料留样观察记录

原料名称	进货日期	数量	生产厂家	供应商	生产日期	是否应急采购	是否引入供应商	取样人
	2016-1-1	0.7	浙江 动物药品有限公司	浙江 动物药品有限公司	2015-4-9	否	是	屈
	2016-1-3	1.3	浙江 动物药品有限公司	浙江 动物药品有限公司	2015-12-30	否	是	屈
	2016-4-7	0.3	浙江 动物药品有限公司	浙江 动物药品有限公司	2015-12-30	否	是	屈

记账凭证

2016年第04期　　2016-04-27

单位:济南动物营养品有限公司　　第01号凭证 —0001/0004

摘要	会计科目	借方	贷方
采购原料二硝托胺-844*73	原材料 【二硝托胺】	-61,612.00	
采购原料二硝托胺-844*73采购原料益[illegible]-690.8*80采购原料康通800*40	应付账款\单位 【浙江生物股份有限公司】		-84,876.00
采购原料-690.8*80	原材料 【】	-55,264.00	
采购原料氯化钴1000*7.8	原材料 【氯化钴10%】	7,800.00	
采购原料氯化钴1000*7.8	应付账款\单位 【成都饲料有限公司】		7,800.00
采购原料VD3（500*57） 采购原料VD3（500*110）	原材料 【VD3 500】	83,500.00	
附单据：13	合计:		

记账：高　　审核：邢　　出纳：　　制单：高　　【正邦】

087

[redacted]集团 GROUP [redacted]集团物料采购报帐单

第 191 号

采购部门：[illegible]　　经办人姓名：[redacted]　　2016年　月　日

供应商名称：浙江[redacted]生物股份有限公司　　附单

采购品名	单位	数量	单价	金额（十万千百十元角分）
[redacted]	吨	-690.8	80	-55264.00
[illegible]	吨	-844	73	-61612.00
合计（大写）[illegible]				-116876.00

报帐形式　现金：　挂帐：

核准实报 ¥：-11687…

总经理：[redacted]　财务主管：[redacted]　部门主管：[redacted]　复核：　出纳：　签收：

[redacted]集团 GROUP [redacted]集团物料采购报帐单

第 61 号

采购部门：[illegible]　　经办人姓名：[redacted]　　2016年02月12日

供应商名称：浙江[redacted]生物股份有限公司　　附单　　张

采购品名	单位	数量	单价	金额（十万千百十元角分）
[illegible]	吨	1500	26	39000.00
[illegible]	kg	200	105	21000.00
[redacted]	吨	300	80	24000.00
合计（大写）[illegible]				¥84000.00

报帐形式　现金：　元　挂帐：　元

核准实报 ¥：84000.

总经理：　财务主管：[redacted]　部门主管：[redacted]　复核：　出纳：　签收：

杭州信义（顺义）储运单 №0057324

托运日期：20 1 年 7 月 2 日

杭州收货地址：[redacted]

电话：0571-864[redacted]　864[redacted]　传真：0571-864[redacted]

发货人	[redacted]	单位地址			电话		
收货人	[redacted]	单位地址	[redacted]		电话		
货物名称	编号	包装	件数	重量（公斤）	声明价格（不参加保险签字）	费目	金额（元）
						运费	
						送货费	
						保险费	
发件人记事：□门对门 □自提		合计（大写）　仟　佰　拾　元				合计	200
付款方式：□回单付款 □现金 □月结 □到付		备注：[redacted]	承运人签章：[redacted]	托运人签章：	收货人签章：		

第三联：交托运人备查

特别提示：在填写运单前，托运人要认真阅读运单上所列的各项内容和本运单第三、四联背面的运单合同条款。

海宁地址：海宁[redacted]　电话：132[redacted]

临沂地址：[redacted]　电话：0539-833[redacted]　156[redacted]

承运双方签字后具有法律约束力。

武汉电话：027-593[redacted]　182[redacted]

物料收发明细表

仓库代码范围：02(成品仓库) —— 02(成品仓库)　　　　仓位范围：所有仓位

会计期间	物料名称	日期	单据号码	凭证字号	期初结存		收入		发出		结存	
					数量(常用)	金额	数量(常用)	金额	数量(常用)	金额	数量(常用)	金额
2015.1					500	24,107.85					500	24,107.85
2015.1		2015-01-07	XOUT019190	记-757	500	24,107.85			500	22,103.20		2,004.65
2015.1	小计				500	24,107.85			500	22,103.20		2,004.65
2015.2						2,004.65						2,004.65
2015.2		2015-02-03	CHG001576			2,004.65			40	1,780.32	-40	224.33
2015.2		2015-02-03	XOUT019503	记-578		2,004.65			500	22,253.95	-540	-22,029.62
2015.2		2015-02-05	CIN001673	记-576		2,004.65	540	24,058.39				2,028.77
2015.2	小计					2,004.65	540	24,058.39	540	24,034.27		2,028.77
2015.3						2,028.77						2,028.77
2015.3		2015-03-23	XOUT019843	记-714		2,028.77			500	21,677.68	-500	-19,648.91
2015.3		2015-03-23	XOUT019844	记-714		2,028.77			100	4,335.54	-600	-23,984.45
2015.3		2015-03-23	CIN001723	记-765		2,028.77	740	32,130.30			140	8,145.85
2015.3		2015-03-25	CIN001694	记-712		2,028.77	600	25,968.00			740	34,113.85
2015.3		2015-03-28	XOUT019913	记-714		2,028.77			500	21,677.68	240	12,436.17
2015.3		2015-03-31	CIN001697	记-712		2,028.77	1,000	43,285.31			1,240	55,721.48
2015.3	小计					2,028.77	2,340	101,383.61	1,100	47,690.90	1,240	55,721.48
2015.4					500	23,591.18					500	23,591.18
2015.4		2015-04-09	CIN001739	记-795	500	23,591.18	700	30,128.00			1,200	53,719.18
2015.4		2015-04-09	CIN001757	记-795	500	23,591.18	540	23,243.42			1,740	76,962.60
2015.4		2015-04-09	CIN001793	记-787	500	23,591.18	500	21,687.93			2,240	98,650.53
2015.4		2015-04-09	CIN001812	记-1002	500	23,591.18	500	20,800.00			2,740	119,450.53
2015.4		2015-04-09	CIN001834	记-1002	500	23,591.18	1,000	41,593.12			3,740	161,043.65
2015.4		2015-04-09	CIN001865	记-837	500	23,591.18	300	12,831.00			4,040	173,874.65
2015.4		2015-04-09	CIN001880	记-837	500	23,591.18	500	21,383.94			4,540	195,258.59
2015.4		2015-04-09	CIN001893	记-1178	500	23,591.18	1,000	42,710.00			5,540	237,968.59
2015.4		2015-04-18	CHG001608		500	23,591.18			40	1,734.21	5,500	236,234.38
2015.4	小计				500	23,591.18	5,040	214,377.41	40	1,734.21	5,500	236,234.38
2015.5					460	21,856.97					460	21,856.97
2015.5		2015-05-05	XOUT020300	记-767	460	21,856.97			460	19,959.71		1,897.26
		2015-05-05	XOUT020300	记-767	460	21,856.97			240	10,413.76	-240	-8,516.50
2015.5		2015-05-08	XOUT020322	记-767	460	21,856.97			500	21,695.34	-740	-30,211.84
2015.5	小计				460	21,856.97			1,200	52,068.81	-740	-30,211.84
2015.6						1,918.46						1,918.46
2015.6		2015-06-01	XOUT020541	记-797		1,918.46			200	8,615.38	-200	-6,696.92
2015.6		2015-06-02	XOUT020560	记-797		1,918.46			500	21,538.45	-700	-28,235.37
2015.6		2015-06-26	CHG001653			1,918.46			40	1,723.08	-740	-29,958.45
2015.6	小计					1,918.46			740	31,876.91	-740	-29,958.45

第1页/共2页

执法人员：周[redacted]
孙[redacted]

[redacted] 2016.4.26. [redacted] 2016.4.26

090

物料收发明细表

仓库代码范围：02(成品仓库) -- 02(成品仓库)　　　　仓位范围：所有仓位

会计期间	物料名称	日期	单据号码	凭证字号	期初结存		收入		发出		结存	
					数量(常用)	金额	数量(常用)	金额	数量(常用)	金额	数量(常用)	金额
2015.7					500	23,412.97					500	23,412.97
2015.7		2015-07-07	CHG001658		500	23,412.97			40	1,723.08	460	21,689.89
2015.7		2015-07-14	SOUT005862	记-843	500	23,412.97			460	19,815.37		1,874.52
2015.7	小计				500	23,412.97			500	21,538.45		1,874.52
2015.8						1,874.52						1,874.52
2015.8		2015-08-04	XOUT021278	记-789		1,874.52			400	17,313.80	-400	-15,439.28
2015.8		2015-08-14	XOUT021390	记-789		1,874.52			100	4,328.45	-500	-19,767.73
2015.8	小计					1,874.52			500	21,642.25	-500	-19,767.73
2015.9						1,920.20						1,920.20
2015.9		2015-09-05	XOUT021601	记-1004		1,920.20			500	20,905.73	-500	-18,985.53
2015.9		2015-09-28	XOUT021949	记-1004		1,920.20			1,000	41,811.46	-1,500	-60,796.99
2015.9	小计					1,920.20			1,500	62,717.19	-1,500	-60,796.99
2015.11						1,596.13						1,596.13
2015.11		2015-11-05	XOUT022393	记-839		1,596.13			300	12,768.66	-300	-11,172.53
2015.11		2015-11-24	XOUT022625	记-839		1,596.13			500	21,281.11	-800	-32,453.64
2015.11	小计					1,596.13			800	34,049.77	-800	-32,453.64
2015.12						1,761.30						1,761.30
2015.12		2015-12-08	XOUT022825	记-1180		1,761.30			300	12,811.14	-300	-11,049.84
2015.12		2015-12-24	XOUT022996	记-1180		1,761.30			700	29,892.66	-1,000	-40,942.50
2015.12		2015-12-31	XOUT023155	记-1183		1,761.30			1,000	42,703.80	-2,000	-83,646.30
		2015-12-31	XOUT023155	记-1183		1,761.30			300	12,811.14	-2,300	-96,457.44
2015.12		2015-12-31	CIN001910	记-1178		1,761.30	1,000	42,722.53			-1,300	-53,734.91
		2015-12-31	CIN001910	记-1178		1,761.30	300	12,813.00			-1,000	-40,921.91
		2015-12-31	CIN001910	记-1178		1,761.30	700	29,897.00			-300	-11,024.91
2015.12	小计					1,761.30		85,432.53	2,300	98,218.74	-300	-11,024.91
2016.1					700	31,685.09					700	31,685.09
2016.1		2016-01-22	SOUT006390	记-800	700	31,685.09			25.4	1,084.68	674.6	30,600.41
2016.1		2016-01-22	SOUT006391	记-800	700	31,685.09			300	12,811.13	374.6	17,789.28
2016.1		2016-01-28	SOUT006404	记-800	700	31,685.09			26.6	1,135.92	348	16,653.36
2016.1	小计				700	31,685.09			352	15,031.73	348	16,653.36
2016.3					348	16,653.36					348	16,653.36
2016.3		2016-03-05	SOUT006471	记-830	348	16,653.36			8	341.63	340	16,311.73
2016.3	小计				348	16,653.36			8	341.63	340	16,311.73
2016.4					340	16,311.73					340	16,311.73
2016.4		2016-04-05	XOUT024003		340	16,311.73			300		40	16,311.73
2016.4	小计				340	16,311.73			300		40	16,311.73
	总计				500	24,107.85	9,920	425,251.94	[illegible]	433,048.06	40	16,311.73

第2页/共2页

执法人员：周
马
2016.4.26　程　2016.4.26

物料收发明细表

起始期间：　2015年第4期　　　　　截止期间：　2016年4期
物料代码范围：　　　　　　　　　　批次范围：　所有批次
仓库代码范围：01（原料仓库-01原料仓库）　　　　金额单位：元

会计期间	物料名称	日期	单据号码	期初结存		收入		发出		结存		
				数量(常用)	金额	数量(常用)	金额	数量(常用)	金额	数量(常用)	结存单价	金额
2015.4	烟酸铬			2.00	0.00					2.00	0.00	0.00
2015.4	小计			2.00	0.00					2.00	0.00	0.00
2015.5	烟酸铬			2.00	0.00					2.00	0.00	0.00
2015.5	小计			2.00	0.00					2.00	0.00	0.00
2015.6	烟酸铬			2.00	0.00					2.00	0.00	0.00
2015.6	小计			2.00	0.00					2.00	0.00	0.00
2015.7	烟酸铬			2.00	0.00					2.00	0.00	0.00
2015.7	小计			2.00	0.00					2.00	0.00	0.00
2015.8	烟酸铬			2.00	0.00					2.00	0.00	0.00
2015.8	小计			2.00	0.00					2.00	0.00	0.00
2015.9	烟酸铬			2.00	0.00					2.00	0.00	0.00
2015.9	小计			2.00	0.00					2.00	0.00	0.00
2015.10	烟酸铬			2.00	0.00					2.00	0.00	0.00
2015.10	小计			2.00	0.00					2.00	0.00	0.00
2015.11	烟酸铬			2.00	0.00					2.00	0.00	0.00
2015.11	小计			2.00	0.00					2.00	0.00	0.00
2015.12	烟酸铬	2015-12-26	SOUT006305	2.00	0.00			2.00	0.00	0.00	0.00	0.00
2015.12	小计			2.00	0.00			2.00	0.00	0.00	0.00	0.00
总计								2.00	0.00			

第1页/共1页

程[redacted] 2016.4.26

执法人员：周[redacted]
[redacted]

[redacted] 2016.4.26

Page 1

092

物料收发明细表

起始期间：　2015年第4期　　　　截止期间：　2016年4期
物料代码范围：　　　　　　　　批次范围：　所有批次
仓库代码范围：01（原料仓库-01原料仓库）　　　　金额单位：元

会计期间	物料名称	[redacted]	单据号码	期初结存		收入		发出		结存		
				数量(常用)	金额	数量(常用)	金额	数量(常用)	金额	数量(常用)	结存单价	金额
2015.4	酵母硒			1.00	0.00					1.00		0.00
2015.4	小计			1.00	0.00					1.00		0.00
2015.5	酵母硒			1.00	0.00					1.00		0.00
2015.5	小计			1.00	0.00					1.00		0.00
2015.6	酵母硒			1.00	0.00					1.00		0.00
2015.6	小计			1.00	0.00					1.00		0.00
2015.7	酵母硒			1.00	0.00					1.00		0.00
2015.7	小计			1.00	0.00					1.00		0.00
2015.8	酵母硒			1.00	0.00					1.00		0.00
2015.8	小计			1.00	0.00					1.00		0.00
2015.9	酵母硒			1.00	0.00					1.00		0.00
2015.9	小计			1.00	0.00					1.00		0.00
2015.10	酵母硒			1.00	0.00					1.00		0.00
2015.10	小计			1.00	0.00					1.00		0.00
2015.11	酵母硒			1.00	0.00					1.00		0.00
2015.11	小计			1.00	0.00					1.00		0.00
2015.12	酵母硒	2015-12-26	SOUT006305	1.00	0.00			1.00	0.00	0.00		0.00
2015.12	小计			1.00	0.00			1.00	0.00	0.00		0.00
总计								1.00	0.00			

第1页/共1页

执法人员：周[redacted]
孙[redacted]

程[redacted]
2016.4.26

陈[redacted] 2016.4.26

Page 1

物料收发明细表

起始期间： 2015年第4期　　　　截止期间： 2016年4期
物料代码范围：　　　　批次范围： 所有批次
仓库代码范围：01（原料仓库-01原料仓库）　　　　金额单位：元

会计期间	物料名称	日期	单据号码	期初结存		收入		发出		结存		
				数量(常用)	金额	数量(常用)	金额	数量(常用)	金额	数量(常用)	结存单价	金额
2015.4	酵母粉			0.00	0.00					0.00	0.00	0.00
2015.4	小计			0.00	0.00					0.00	0.00	0.00
2015.5	酵母粉			0.00	0.00					0.00	0.00	0.00
2015.5	小计			0.00	0.00					0.00	0.00	0.00
2015.6	酵母粉			0.00	0.00					0.00	0.00	0.00
2015.6	小计			0.00	0.00					0.00	0.00	0.00
2015.7	酵母粉			0.00	0.00					0.00	0.00	0.00
2015.7	小计			0.00	0.00					0.00	0.00	0.00
2015.8	酵母粉			0.00	0.00					0.00	0.00	0.00
2015.8	小计			0.00	0.00					0.00	0.00	0.00
2015.9	酵母粉			0.00	0.00					0.00	0.00	0.00
2015.9	小计			0.00	0.00					0.00	0.00	0.00
2015.10	酵母粉			0.00	0.00					0.00	0.00	0.00
2015.10	小计			0.00	0.00					0.00	0.00	0.00
2015.11	酵母粉			0.00	0.00					0.00	0.00	0.00
2015.11	小计			0.00	0.00					0.00	0.00	0.00
2015.12	酵母粉	2015-12-10	WIN003050			2000.00	3418.80			2000.00	1.71	3418.80
2015.12	酵母粉	2015-12-26	SOUT006305					2000.00	3418.80	0.00	0.00	0.00
2015.12	小计			0.00	0	2000.00	3418.80	2000.00	3418.80	0.00	0.00	0.00
总计						2000.00	6837.60	2000.00	3418.80			

第1页/共1页

执法人员：周[redacted]
孙[redacted]

程[redacted] 2016.4.26

陈[redacted] 2016.4.26

09

浙江[redacted]动物药品有限公司

《生产指令单》

2015年4月09日

产品名称	[redacted]	包装规格	20kg/桶	包装数量	250 桶
批量产量	2000	生产批次	3 批	理论收率	≥98%
生产车间	预混车间	批号	1504[redacted]	控制收率	≥98%
领料指令	每批用量				备注
	物料名称	规格	单位	理论用量	
	烟酸铬	25kg/桶	kg	15/7.5	
	酵母粉	20kg/袋	kg	400/200	2000kg/批×2批
	酵母硒	40kg/袋	kg	12/6	
	玉米淀粉	25kg/袋	kg	1574/787	1000kg/批×1批
	合计			2000/1000	
包装指令	桶	38*50	250 只		
	内袋	70*95	250 只		
	标签		250 张		
	合格证		250 张		

指定人 罗[redacted]　　审核人　　执行人 [redacted]

执法人员：周[redacted]

孙[redacted]

程[redacted] 2016.4.14

证据复制（提取）单

取证机关：海宁市农业经济局　　2016 年 4 月 14 日

地址：浙江省[redacted]　邮编：31[redacted]
电话：05[redacted]
传真：0573-[redacted]

[redacted]

浙江[redacted]动物药品有限公司

领　料　单　　NO. 0001033

编号：　　产品名称：　　产品批号：

日　期	物料名称	代码	配料量	领用量	单价（元）	金额（元）
2015.6.9	烟酸铬			37.5kg		
	酵母硒			20kg		
	酵母粉			1000kg		
	玉米淀粉			3500kg		

第一联仓库（白）第二联财务（红）第三联车间（蓝）

领用人：[redacted]　　发料人：[redacted]　　复核人：[redacted]

以上证据是当事人生产的2批次“[redacted]”饲料添加剂（复合预混合饲料）的领用的原辅料

提取人	提供单位
周[redacted] 马[redacted]	浙江[redacted]生物股份有限公司 2016 年 4 月 14 日

证据复制（提取）单

取证机关：海宁市农业经济局　　2016 年 4 月 14 日

地址：浙江省海宁市[redacted]　邮编：31[redacted]
电话：0573-879[redacted]
传真：0573-879[redacted]

[redacted]

浙江[redacted]动物药品有限公司

入库单　　NO.0001236

程[redacted] 2016.4.14

供货单位：　　日期：2015 年 1 月 12 日

品　名	单位	数量	单价	金额	备注
[redacted]		5000kg			

（第一联仓库　第二联财务　第三联报帐）

主管：　　收货人：杨[redacted]　　交货人：周[redacted]

以上证据是该公司的[redacted]"饲料的原辅料和成品入库单

提取人：周[redacted] 马[redacted]	提供单位：浙江[redacted]生物股份有限公司 2016 年 4 月 14 日

证据复制（提取）单

取证机关：海宁市农业经济局　　2016 年 4 月 14 日

址：浙江省海宁市[redacted]　邮编：31[redacted]
话：0573-870[redacted]
真：0573-870[redacted]

[redacted]

浙江[redacted]动物药品有限公司

程[redacted]　2016.4.14

原辅料入库单

No.0000802

供货单位：甘肃[redacted]生物科技有限公司　2015年　2月20日　计量单位：kg

码：	批号：	原料名称：酵母粉
货计划数量：	到货数量：1000	规格：
包装量：	包装件数：	报检单号：
注：		

第二联 财务

仓库主管：　　收货人：陈[redacted]　　交货人：李[redacted]

以上证据是该公司的"[redacted]"饲料的原辅料和成品入库单

提取人：周[redacted] 马[redacted]	提供单位：浙江[redacted]生物股份有限公司 2016 年 4 月 14 日

浙江 动物药品有限公司

检验报告单

检品名称: 执行标准: Q/HN 87-2009

批　　号: 15040901 生产日期: 2015.04.09

检验日期: 2015.04.09 生产数量: 2T

包　　装: 20kg/桶 有效期: 1 年

项　目	标　　准	结　果
感官指标	淡黄色粉末，具有流动性。	符合规定
粉碎粒度	全部通过 1.19mm(16 目)分析筛，0.59mm（30 目）分析筛筛上物不大于10%。	符合规定
干燥失重	≤10%	3.98%

结论:

该产品所测指标符合企业标准 Q/HN 87-2009 要求，合格放行。

检验者 批准人

执法人员：周

2016.4.14

浙江 动物药品有限公司

性状、鉴别检查原始记录

样品名称		样品批号	15040901
生产日期	2015.04.09	包装规格	20kg/桶
检验依据	□ 标准 企业内控标准 ☑ Q/HN87-2009	检验日期	2015.04.09
		仪器名称及型号	/

本品为淡黄色粉末，具有流动性

结论	符合规定	检验员	周	复核员	胡

浙江　动物药品有限公司

装量检查原始记录

编号

样品名称		样品批号	15040901
生产日期	2015.04.09	包装规格	20kg/桶
剂型	预混剂　　生产数量　2T	取用数量	5件
检验依据	□.中国兽药典（____年版__部） □.部颁标准（第____册） □.企业内控标准____ ☑. JTF1070	检验日期	2015.04.09
		室温	22°C
仪器型号	TCS-300	湿度	/

编号	（包装+供试品）称量 W1（kg）	（包装）称量 W_2（kg）	装量 W_3=（W_1-W_2）（kg）	平均装量（∑Wi/n）及标示量	装量限度	是否符合规定
1	22.08	2.0	20.08	20.08 100.41	☑.不少于标示量的98% □.少于标示量的98%	☑.符合规定 □.不符合规定
2	22.08	2.0	20.08			
3	22.12	2.0	20.12			
4	22.03	2.0	20.03			
5	22.10	2.0	20.10			
备注						

结论	符合规定	检验员		复核员	

浙江 动物药品有限公司

干燥失重检查原始记录

共______页；第______页

样品名称		样品批号	15040901
生产日期	2015.04.09	包装规格	20kg/桶
检验依据	☑ 标准 GB/T 6435 ☐ ______	检验日期	2015.04.09
		仪器名称及型号	干燥箱：DHG-9070A 天　平：FA1004
检查法	☐.恒温常压干燥法（干燥温度：☑.105±2℃；　☐.80±2℃）		

测定及结果 编号	恒重次数	称瓶重量 W_2（g）	样品称重 W_1（g）	称瓶+样瓶 W_3（g）	干燥失重（%） $\frac{W_1+W_2-W_3}{W_1}\times100\%$	平均值（%）
I	1	32.6081	1.0016	33.5693	4.044	3.98
	2	32.6081		33.5692		
II	1	31.6686	1.0032	32.6326	3.907	
	2	31.6685		32.6325		

备注	

结论	符合规定	检验员	周	复核员	[illegible]

浙江[illegible]动物药品有限公司

颗粒细度检查原始记录

样品名称	[illegible]	生产日期	2015.04.09		
生产批号	15040901	包装规格	20kg/桶		
检验依据	☐ 标准 GB/T 5917 ☐	检验日期	2015.04.09	室温	22℃
		仪器型号	8411型电动振筛机		

标准筛号	称量样重量	筛上残留物重量	百分比
16目	100g	0	0
30目	100g	6.6g	6.6%

计算公式及结果

$$\% = \frac{W_{残}}{W_{样}} \times 100\% = \frac{6.6}{100} \times 100\% = 6.6\%$$

备注：

1. 16目筛 = [illegible]
2. 30目筛 = $\frac{6.6}{100} \times 100\% = 6.6\%$
3. 目筛 =

结论	☑.合格 ☐.不合格	检验员	[illegible]	复核员	[illegible]

103

浙江[redacted]动物药品有限公司

检验报告单

检品名称: [redacted]	执行标准: Q/HN 87-2009
批　　号: 15040902	生产日期: 2015.04.09
检验日期: 2015.04.09	生产数量: 2T
包　　装: 20kg/桶	有效期: 1 年

项　目	标　　准	结　果
感官指标	淡黄色粉末，具有流动性。	符合规定
粉碎粒度	全部通过 1.19mm(16 目)分析筛，0.59mm（30 目）分析筛筛上物不大于10%。	符合规定
干燥失重	≤10%	4.12%

结论:

该产品所测指标符合企业标准 Q/HN 87-2009 要求，合格放行。

检验者 周[redacted]　　　　批准人 [redacted]

执法人员：周[redacted]
马[redacted]

程[redacted]　2016.4.14

10

浙江[redacted]动物药品有限公司

性状、鉴别检查原始记录

样品名称	[redacted]	样品批号	15040902
生产日期	2015.04.09	包装规格	20kg/桶
检验依据	☐ 标准 企业内控标准 ☑ Q/HW 87-2009	检验日期	2015.04.09
		仪器名称及型号	/

本品为淡黄色粉末，且有流动性

结论	符合规定	检验员	周[redacted]	复核员	胡[redacted]

浙江[redacted]动物药品有限公司

干燥失重检查原始记录

共______页；第______页

样品名称	[redacted]	样品批号	15040902
生产日期	2015.04.09.	包装规格	20kg/桶
检验依据	☑标准 GB/T 6435 ☐ ____________	检验日期	2015.04.09
		仪器名称及型号	干燥箱：DHG-9070B 天　平：FA1004
检查法	☑.恒温常压干燥法（干燥温度：☐.105±2℃；　☐.80±2℃）		

测定及结果	编号	恒重次数	称瓶重量 W_2（g）	样品称重 W_1（g）	称瓶+样瓶 W_3（g）	干燥失重（%） $\frac{W_1+W_2-W_3}{W_1}\times 100\%$	平均值（%）
	I	1	30.7847	1.0016	31.7458	4.034	4.12
		2	30.7846		31.7458		
	II	1	30.5653	1.0032	31.5264	4.197	
		2	30.5652		31.5263		

备注					
结论	符合规定	检验员	[redacted]	复核员	[redacted]

1

浙江[redacted]动物药品有限公司

颗 粒 细 度 检 查 原 始 记 录

样品名称	[redacted]	生产日期	2015.04.09		
生产批号	15040902	包装规格	20kg/桶		
检验依据	☑标准 GB/T 5917 ☐	检验日期	2015.04.09	室温	25℃
		仪器型号	8411 型电动振筛机		

标准筛号	称量样重量	筛上残留物重量	百分比
16目	100g	0	0
30目	100g	6.4g	6.4%

计算公式及结果

$$\% = \frac{W残}{W样} \times 100\% = \frac{6.4}{100} \times 100\% = 6.4\%$$

备注

1. 16 目筛 = 全通过
2. 30 目筛 = $\frac{6.4}{100} \times 100\% = 6.4\%$
3. 目筛 =

结 论	☑.合格 ☐.不合格	检验员	[redacted]	复核员	[redacted]

浙江[redacted]动物药品有限公司

装量检查原始记录

编号

样品名称	[redacted]			样品批号	15040902
生产日期	2015-04-09			包装规格	20kg/桶
剂　　型	细粉	生产数量	2T	取用数量	8件
检验依据	□.中国兽药典（______年版___部） □.部颁标准（第______册） □.企业内控标准__________ □.____JJF1070______			检　验 日　期	2015-04-09
				室　温	/
仪器型号	TCS-300			湿　度	/

编号	（包装+供试品）称量W1（kg）	（包装）称量W_2（kg）	装量W_3=（W_1-W_2）（kg）	平均装量（ΣWi/n）及标示量	装量限度	是否符合规定
1	22.10	2.0	20.10	20.12 100.6%	☑.不少于标示量的98% □.少于标示量的98%	☑.符合规定 □.不符合规定
2	22.12	2.0	20.12			
3	22.14	2.0	20.14			
4	22.10	2.0	20.10			
5	22.14	2.0	20.14			
备注						

结论	符合规定	检验员	[redacted]	复核员	[redacted]

浙江 动物药品有限公司

检验报告单

检品名称:

执行标准: Q/HN 87-2009

批　　号: 15040903

生产日期: 2015.04.09

检验日期: 2015.04.09

生产数量: 1T

包　　装: 20kg/桶

有效期: 1 年

项　目	标　　准	结　果
感官指标	淡黄色粉末，具有流动性。	符合规定
粉碎粒度	全部通过 1.19mm(16 目)分析筛，0.59mm（30 目）分析筛筛上物不大于 10%。	符合规定
干燥失重	≤10%	4.02%

结论:

该产品所测指标符合企业标准 Q/HN 87-2009 要求，合格放行。

检验者

批准人

执法人员：周

2016.4.14

浙江[redacted]动物药品有限公司

性状、鉴别检查原始记录

样品名称	[redacted]	样品批号	15040903
生产日期	2015.04.09	包装规格	20 kg/桶
检验依据	□ 标准 企业内控标准 ☑ Q/HN87-2004	检验日期	2015.04.09
		仪器名称及型号	/

本品为淡黄色粉末，具有流动性，无臭味。

结论	符合规定	检验员	周[redacted]	复核员	孙[redacted]

浙江[illegible]动物药品有限公司

干燥失重检查原始记录

共______页；第______页

样品名称	[illegible]	样品批号	150409-03
生产日期	2015.04.09	包装规格	20 kg/桶
检验依据	☑标准 QB/T6435 □ ________	检验日期	2015.04.09
		仪器名称及型号	干燥箱：DHG-9070A 天 平：FA1004
检查法	□.恒温常压干燥法（干燥温度：☑.105±2℃； □.80±2℃）		

测定及结果	编号	恒重次数	称瓶重量 W_2（g）	样品称重 W_1（g）	称瓶+样瓶 W_3（g）	干燥失重（%） $\frac{W_1+W_2-W_3}{W_1}\times 100\%$	平均值（%）
	I	1	32.0269	1.0016	32.9885	3.984	4.02
		2	32.0268		32.9885		
	II	1	30.6720	1.0013	31.6326	4.065	
		2	30.6719		31.6325		

备注	

结论	符合规定	检验员	[illegible]	复核员	[illegible]

11

浙江[redacted]动物药品有限公司

颗粒细度检查原始记录

样品名称	[redacted]	生产日期	2015.04.09
生产批号	15040903	包装规格	20kg/桶
检验依据	☑标准 GB/T 5917 ☐	检验日期	2015.04.09　室温　/
		仪器型号	8411 型电动振筛机

标准筛号	称量样重量	筛上残留物重量	百分比
16目	100g	0	0
30目	100g	6.3g	6.3%

计算公式及结果

$$\% = \frac{W残}{W样} \times 100\% = \frac{6.3}{100} \times 100\% = 6.3\%$$

备注

1. 16 目筛 = 全过
2. 30 目筛 = $\frac{6.3}{100} \times 100\% = 6.3\%$
3. 　目筛 =

结论	☑.合格　☐.不合格	检验员	闵[redacted]	复核员	胡[redacted]

112

浙江[redacted]动物药品有限公司

装量检查原始记录

编号

样品名称	[redacted]	样品批号	15040903
生产日期	2015.04.09	包装规格	20kg/桶
剂型	预混剂　　生产数量　1T料	取用数量	5件
检验依据	□.中国兽药典（______年版___部） □.部颁标准（第______册） □.企业内控标准________ ☑.　JT-1070	检验日期	2015.04.09
		室温	/
仪器型号		湿度	/

编号	（包装+供试品）称量 W1（kg）	（包装）称量 W_2（kg）	装量 $W_3=(W_1-W_2)$（kg）	平均装量（$\sum Wi/n$）及标示量	装量限度	是否符合规定
1	22.13	2.00	20.13	20.13 100.66%	☑.不少于标示量的 98% □.少于标示量的 98%	☑.符合规定 □.不符合规定
2	22.16	2.00	20.16			
3	22.13	2.00	20.13			
4	22.08	2.00	20.08			
5	22.16	2.00	20.16			
备注						

结论	符合规定	检验员	周[redacted]	复核员	孙[redacted]

1B

[redacted] 2016.05.25

合同编号：此复印件与原件一致。

[redacted] 2016.5.25

技术开发（合作）合同

项目名称：不同剂量[redacted]对生长猪生产性能的影响试验

委托方（甲方）：浙江[redacted]生物股份有限公司

受托方（乙方）：安吉县[redacted]牧业有限公司

签订时间：2016 年 1 月

签订地点：杭州

有效期限：2016 年 1 月至 2017 年 4 月

执法人员：周[redacted]

孙[redacted]

填写说明

一、 本合同为中华人民共和国科学技术部印制的技术开发（委托）合同示范文本，各技术合同登记机构可推介技术合同当事人参照使用。

二、 本合同书适用于一方当事人委托另一方当事人进行新技术、新产品、新工艺、新材料或者新品种及其系统的研究开发所订立的技术开发合同。

三、 签约一方为多个当事人的，可按各自在合同关系中的作用等在“委托方”、“受托方”项下（增页）分别排列为共同委托人或共同受托人。

四、 本合同书未尽事项，可由当事人附页另行约定，并可作为本合同的组成部分。

五、 当事人使用本合同书时约定无需填写的条款，应在该条款处注明“无”等字样。

本合同双方共同研究开发 不同剂量 对生长猪生产性能的影响 项目，双方经过平等协商，在真实、充分地表达各自意愿的基础上，根据《中华人民共和国合同法》的规定，达成如下协议，并由双方共同恪守。

第一条 本合同研究开发项目的要求如下：

1. 技术目标： 研究不同剂量 对生长猪生产性能的影响。

2. 试验方案：

（1） 试验设计：分为试验组和对照组。

试验组一：基础日粮+50mg/kg （每吨饲料中添加 50 克 ）。

试验组二：基础日粮+100mg/kg （每吨饲料中添加 100 克 ）。

试验组三：基础日粮+200mg/kg （每吨饲料中添加 200 克 ）。

对照组：基础日粮。

（2） 试验动物：选用 20 公斤左右日龄相近、健康无病的长荣杂交仔猪，由安吉 牧业有限公司提供。

（3） 饲养管理：试验在封闭式猪舍进行。自由饮水，自由采食，定期驱虫，免疫。按常规饲养方法进行管理。试验从 20 公斤左右开始，出栏结束。

（4） 测定指标：日增重、采食量、饲料转化率（料重比）。

第二条 试验场所

安吉 牧业养殖基地

第三条 合作研发的处理方式

甲方负责试验药物的供给

乙方负责试验场地、试验动物、动物饲料，甲方无需再支付试验费用。

第四条 技术秘密的范围和保护期限：

甲、乙方均有权保留、使用和公开试验结果的权利；若一方发表论文，双方须共同署名。

第五条　其他约定：

1、乙方在与甲方就该技术进行合作时，并不限制甲方、乙方和其他有相关技术的企业或个人进行合作。

2、如遇疫病及其它不可预见情况，双方共同承担并协商解决后继试验方案。

第六条　违约责任：双方协商解决。

第七条　争议的解决办法：甲乙双方就本协议所产生的任何争议都应该进行友好协商，协商解决不成的提交仲裁委员会进行仲裁。

第八条　本协议自甲、乙双方签章之日起即具有法律效力，一式贰份，甲乙双方各执一份。

第九条　本协议未尽事宜，双方可进一步协商后订立补充协议或变更本协议内容，补充协议或变更内容与本协议具有同等法律效力。

甲方：浙江[redacted]生物股份有限公司

签章：[redacted]

日期：2016.1.15

乙方：安吉县[redacted]农业有限公司

签章：[redacted]

日期：2016.1.15

关于“[redacted]”饲料的有关情况说明

浙江省海宁市农业行政执法大队：

我公司，安吉县[redacted]牧业有限公司，于 2016 年 1 月与浙江[redacted]生物股份有限公司签定合同“不同剂量[redacted]对生长猪生产性能的影响试验”，按合同规定：由浙江[redacted]生物股份有限公司负责提供试验样品，即“[redacted]”猪用肉质改良预混合饲料；我公司负责提供试验场地、试验动物、动物饲料；除此以外，双方均不需要再支付费用。在 2016 年 1 月，我公司共收到该饲料 360 千克，批号为 415123002，属于[redacted]公司免费提供，我公司不需支付饲料的费用，特此说明！

安吉县[redacted]牧业有限公司

2016 年 5 月 27 日

执法人员：周[redacted]

马[redacted]

证据复制（提取）单

取证机关：海宁市农业经济局　　2016年5月25日

程[redacted]生物股份有限公司 2016.5.25

杭州信义（顺义）储运单　№0082957

到站：　　托运日期：2016年5月22日

杭州收货[redacted]　　电话：0571-8641[redacted] 8641[redacted]　传真：0571-8641[redacted]

发货人		单位地址	济南昆货	电话	
收货人		单位地址	浙江[redacted]	电话	

货物名称	编号	包装	件数	重量（公斤）	声明价格（不参加保险签字）	费目	金额（元）
						运费	
饲料			33件			送货费	
						保险费	
发件人记事：□门对门 ☑自提			合计（大写）　仟　佰　拾　元			合计	

付款方式：□回单付款 □现金 □月结 ☑到付	备注：	承运人签章：	托运人签章：	收货人签章：[redacted]

第二联：收款凭证

特别提示：在填写运单前，托运人要认真阅读运单上所列的各项内容和本运单第三、四联背面的运单合同条款。

海宁地址：海宁谈桥东西大道　电话：132[redacted]

临沂地址：临西八路和聚才路交汇处向西200米（澳龙服装城配载西区）　电话：188[redacted] 156[redacted]

武汉电话：027-5933[redacted] 182[redacted]

承运双方签字后具有法律约束力。

以上证据是当事人储运单，说明当事人召回饲料的时间、数量。

提取人：周[redacted] 马[redacted]	提供单位：浙江[redacted]生物股份有限公司 2016年5月25日

召回的“[redacted]”饲料产品（图 1）

召回的“[redacted]”饲料产品（图 2）

程[redacted]
2016.5.25

执法人员：周[redacted]
马[redacted]

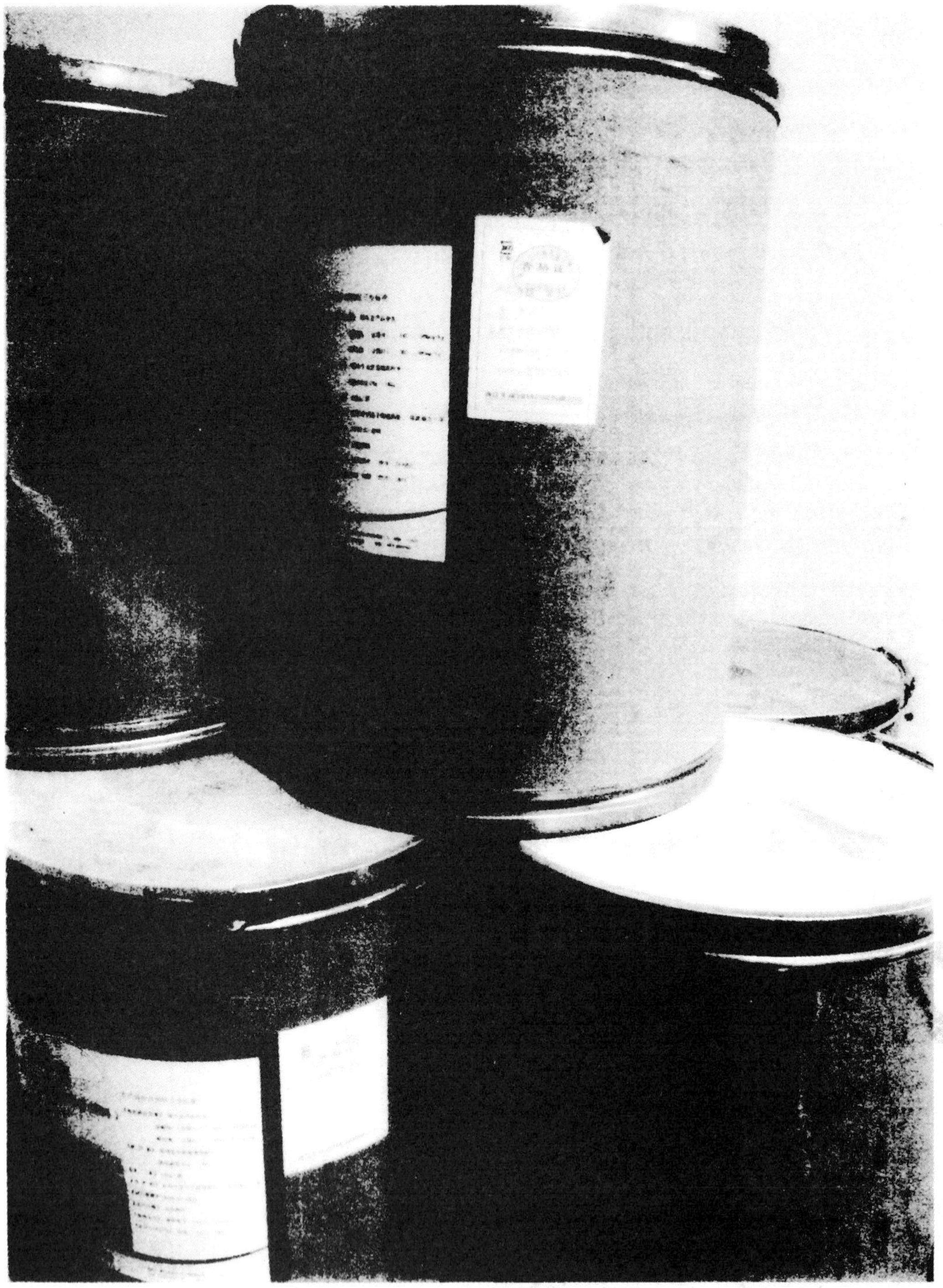

召回的“[redacted]”饲料产品（图3）

程[redacted]

2016.5.25

执法人员：周[redacted] 马[redacted]

执法人员：周[redacted]
孙[redacted]

此复印件与原件一致。
程[redacted]
2016.[redacted].8

1601046

浙江增值税普通发票

330015[redacted]　　№ 1893[redacted]

3300151320
1893[redacted]

开票日期：[illegible]

校验码 56734 62707 [redacted]

购买方	名　　称：济南[redacted]动物营养品有限公司 纳税人识别号：37011[redacted] 地 址、电 话：济南市高新开发区[redacted] 0531-8888[redacted] 开户行及账号：济南市农行[redacted]支行 15-1581[redacted]	密码区	5>66392>*004-51/*029[illegible]/78 [redacted]

货物或应税劳务、服务名称	规格型号	单位	数量	单价	金额	税率	税额
仔猪用复合预混合饲料（[redacted]）	98%	公斤	1300	70.796460177	92035.40	13%	11964.60
合　　计					￥92035.40		￥11964.60
价税合计（大写）	⊗壹拾万零肆仟圆整				（小写）￥104000.00		

销售方	名　　称：浙江[redacted]生物股份有限公司 纳税人识别号：9133[redacted] 地 址、电 话：海宁市[redacted] 0573-8796[redacted] 开户行及账号：工行海宁[redacted]支行 12040[redacted]	备注	[illegible] 104000

收款人：唐[redacted]　　复核：陈[redacted]　　开票人：尹[redacted]　　销售方：（章）

第一联：记账联　销售方记账凭证

[2015] 57 号上海东港安全印刷有限公司

121

122

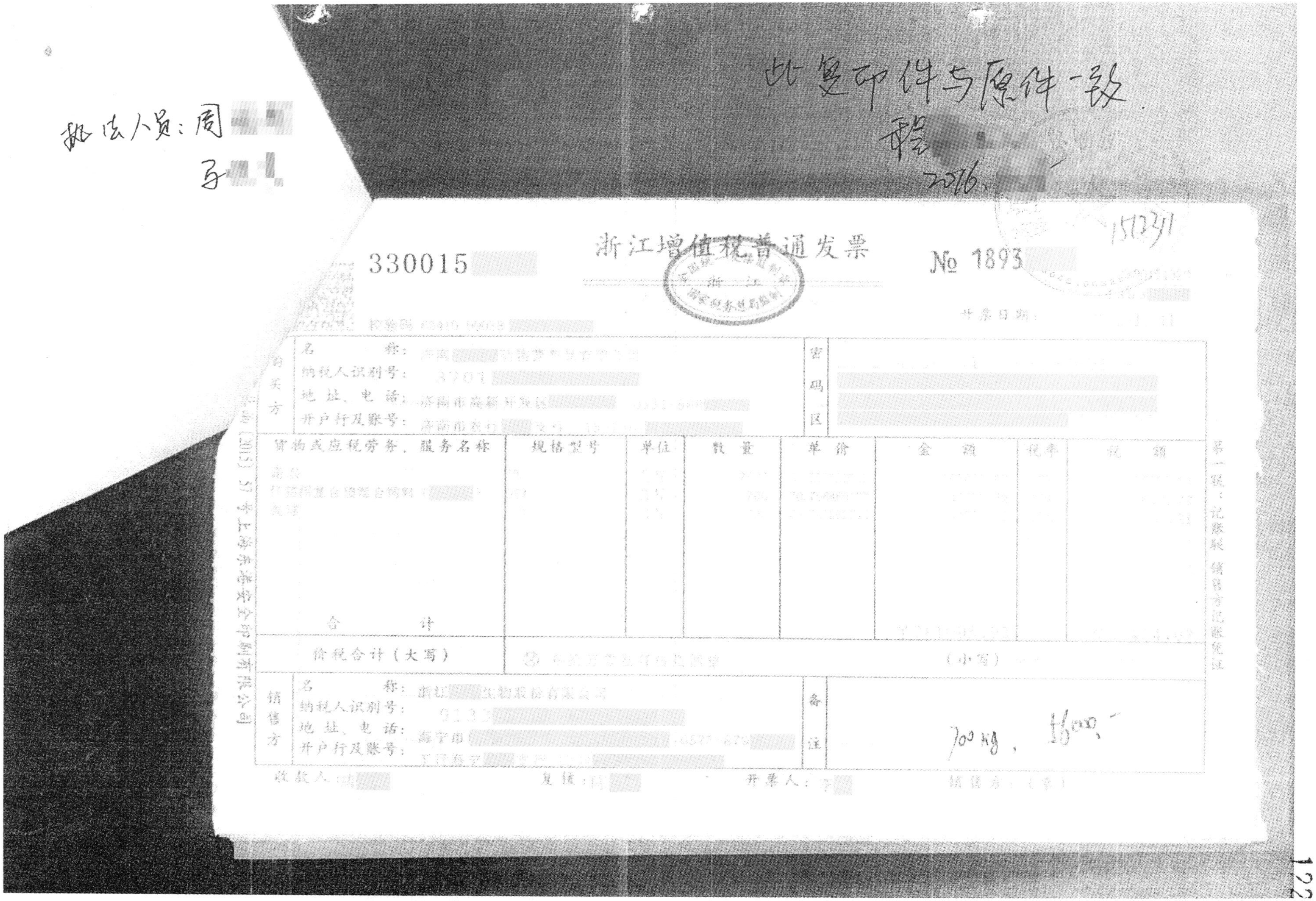

执法人员：周[redacted]
　　　　　子[redacted]

此复印件与原件一致
程[redacted]
2016.[redacted]

浙江增值税普通发票

330015[redacted]　　　　No 1893[redacted]

校验码 [redacted]

开票日期：

购买方	名称：[redacted]	密码区	[redacted]
	纳税人识别号：3701[redacted]		
	地址、电话：济南市高新开发区[redacted]		
	开户行及账号：济南市农行[redacted]		

货物或应税劳务、服务名称	规格型号	单位	数量	单价	金额	税率	税额
合计							
价税合计（大写）				（小写）			

销售方	名称：浙江[redacted]生物股份有限公司	备注	700kg，35600，—
	纳税人识别号：9133[redacted]		
	地址、电话：海宁市[redacted]		
	开户行及账号：[redacted]		

收款人：[redacted]　　复核：[redacted]　　开票人：[redacted]　　销售方：（章）

第一联：记账联　销售方记账凭证

[2015] 57号上海东港安全印刷有限公司

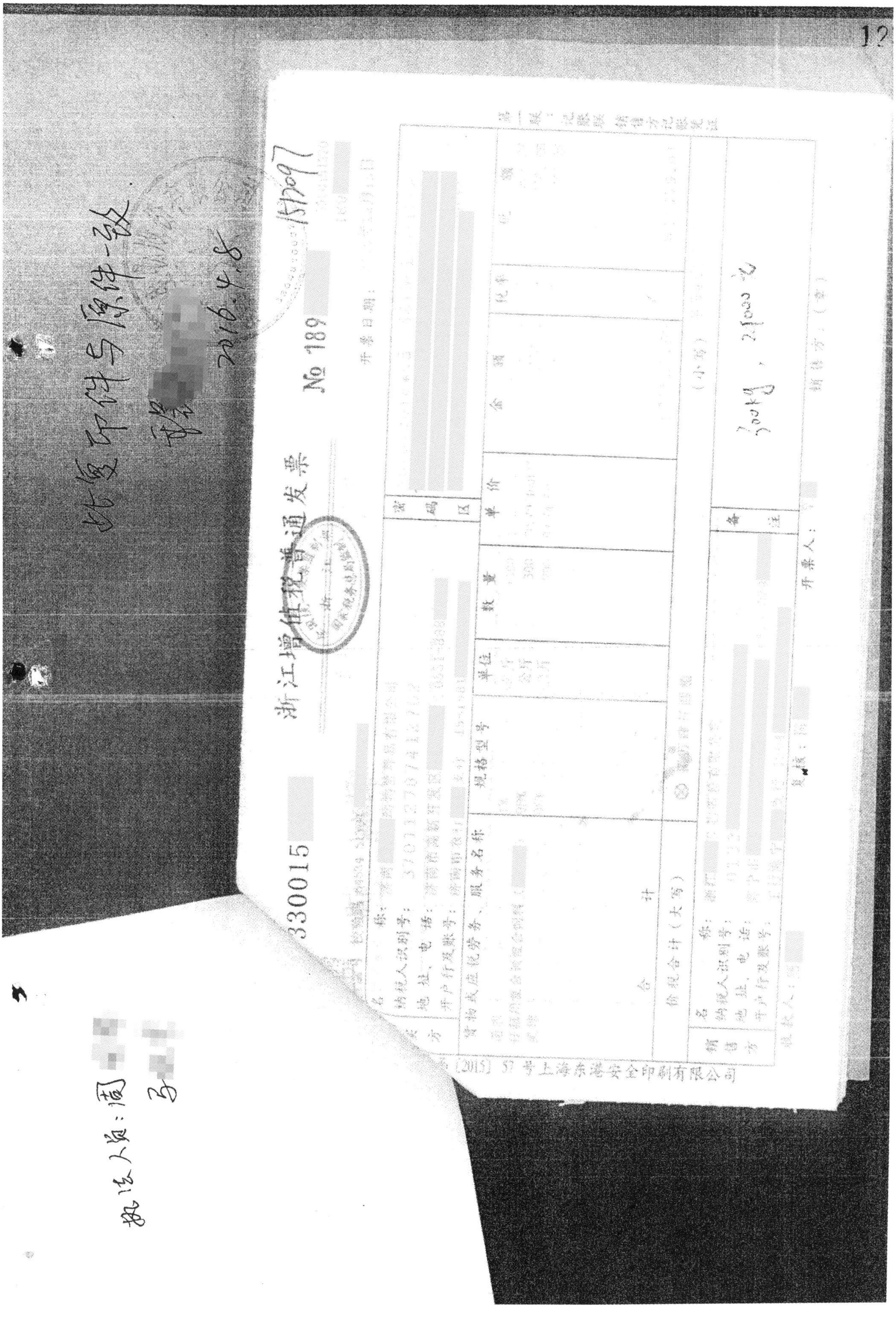

执法人员：周
孙
此复印件与原件一致
程
2016.4.8
1512097
330015
浙江增值税普通发票
№ 189
开票日期：
购买方
名称：济南 纺织管理品有限公司
纳税人识别号：370112787412702
地址、电话：济南市高新开发区 0531-888
开户行及账号：济南市农行 支行 15-1581
密码区
货物或应税劳务、服务名称
规格型号
单位
数量
单价
金额
税率
税额
公斤
公斤
公斤
300
合计
价税合计（大写）
（小写）
销售方
名称：浙江
纳税人识别号：
地址、电话：
开户行及账号：
备注
300kg，21000元
收款人：
复核：
开票人：
销售方：（章）
第一联：记账联 销售方记账凭证
〔2015〕57号上海东港安全印刷有限公司

此复印件与原件一致
[redacted]
2016.4.8

执法人员：周[redacted]
马[redacted]

151126

浙江增值税普通发票

/15[redacted]　　　　№ 1884[redacted]

（全国统一发票监制章　浙江　国家税务总局监制）

3329 14266 31303

开票日期：2015年11月26日

名　　称：	济南[redacted]动物营养品有限公司		密码区	16<0<5142>78359**4<0<589413 [redacted] 94984711-2413082696+7773<*5	
纳税人识别号：	3701[redacted]				
地址、电话：	济南市高新开发区[redacted] 0531-888[redacted]				
开户行及账号：	济南市农行[redacted]支行 15-1581[redacted]				

货物或应税劳务、服务名称	规格型号	单位	数量	单价	金额	税率	税额
畜禽用复合预混合饲料（[redacted]）	[illegible]	公斤	[illegible]	[illegible]	[illegible]	13%	[illegible]
[illegible]农	1%	公斤	4300	22.2222222	95555.56	17%	[illegible]
美球	[illegible]	公斤	[illegible]	[illegible]	[illegible]	13%	[illegible]
合　　计					¥148902.51		¥23897.49
价税合计（大写）	⊗壹拾柒万贰仟捌佰圆整				（小写）¥172800.00		

销售方	名　　称：浙江[redacted]动物药品有限公司 纳税人识别号：3304[redacted] 地址、电话：海宁市[redacted] 0573-879[redacted] 开户行及账号：工行海宁[redacted]支行 1204[redacted]	备注	

收款人：唐[redacted]　　复核：陈[redacted]　　开票人：李[redacted]　　销售方：（章）

第一联：记账联　销售方记账凭证

海东港安全印刷有限公司

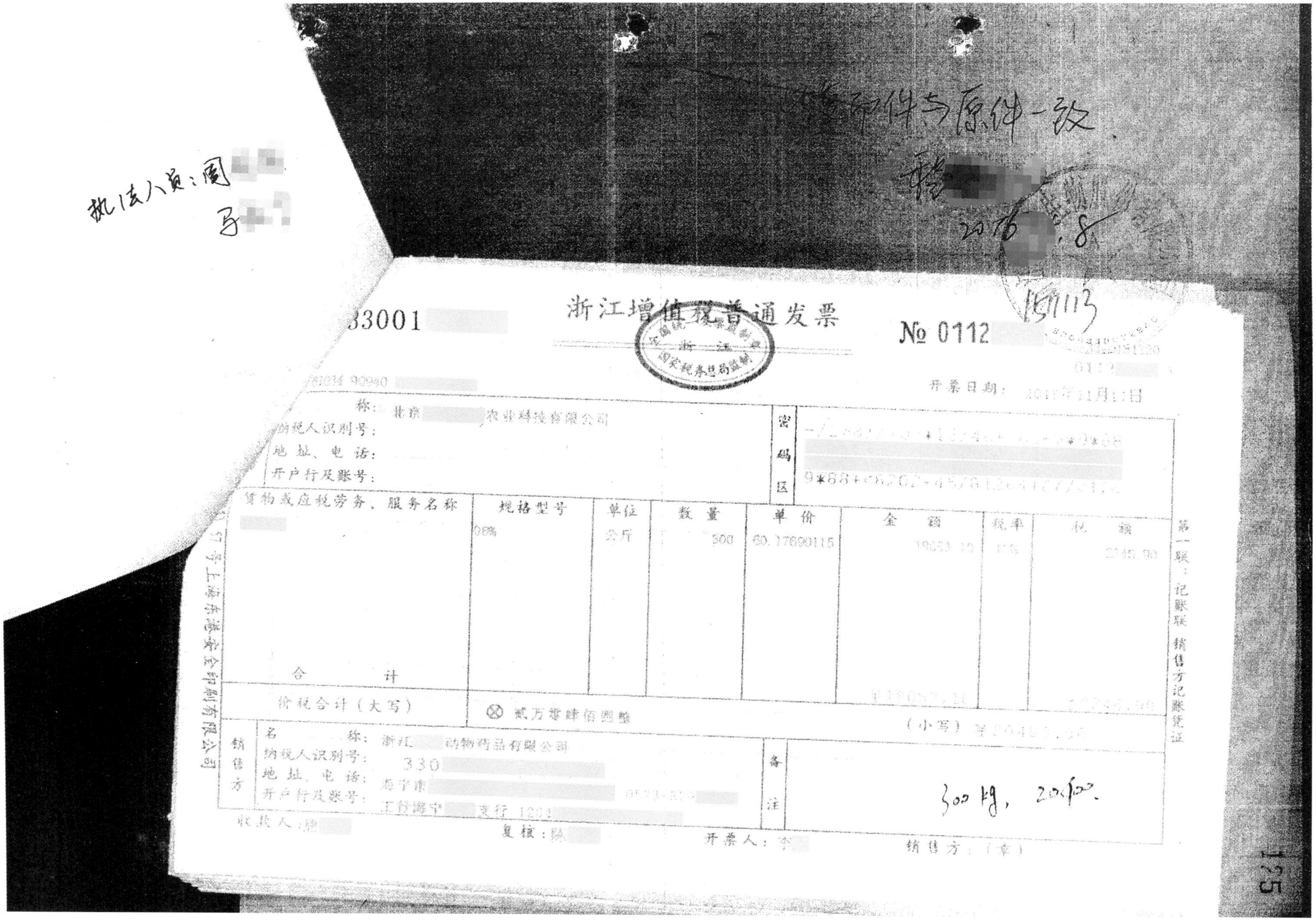
执法人员：周
马
复印件与原件一致
2016.8

浙江增值税普通发票

3300l　　№ 0112

开票日期：201[illegible]年11月17日

购买方	名称：北京　　农业科技有限公司 纳税人识别号： 地址、电话： 开户行及账号：	密码区	9*88+<8262+...

货物或应税劳务、服务名称	规格型号	单位	数量	单价	金额	税率	税额
	98%	公斤	300	60.17690115	18053.10	11%	2346.90
合计					¥18053.10		¥2346.90
价税合计（大写）	⊗贰万零肆佰圆整				（小写）¥20400.00		

销售方	名称：浙江　　动物药品有限公司 纳税人识别号：330 地址、电话：海宁市　　0573-87 开户行及账号：工行海宁　　支行 1204	备注	300kg，200/kg

收款人：　复核：陈　开票人：李　销售方：（章）

第一联：记账联 销售方记账凭证

175

执法人员：周[redacted]
马[redacted]

此复印件与原件一致
程[redacted]
2016.4.8
159432

浙江增值税普通发票

3300134620

№ 0082[redacted]

0082[redacted]

开票日期：2015年03月30日

购买方	名称：济南[redacted]动物营养品有限公司 纳税人识别号：3701[redacted] 地址、电话：济南市高新开发区[redacted] 0531-888[redacted] 开户行及账号：济南市农行[redacted]支行 15-1581[redacted]			密码区	-9+/*>4*57664/>91/230[redacted] [redacted] 36/7100-607/6-0*<9/75/<*012		
货物或应税劳务名称	规格型号	单位	数量	单价	金额	税率	税额
诺农[redacted]	1%	公斤	3000	22.222222222	66666.67	17%	11333.33
	98%	公斤	1000	68.376068376	68376.07	17%	11623.93
合计					¥135042.74		¥22957.26
价税合计（大写）	⊗壹拾伍万捌仟圆整				（小写）¥150000.00		
销货单位	名称：浙江[redacted]动物药品有限公司 纳税人识别号：330[redacted] 地址、电话：海宁市[redacted] 0573-879[redacted] 开户行及账号：工行海宁[redacted]支行 1204[redacted]			备注			

收款人：唐[redacted]　复核：陈[redacted]　开票人：尹[redacted]　销货单位：（章）

第一联：记账联 销货方记账凭证

[2013]474号上海东港安全印刷有限公司

126

执法人员：周 马

此复印件与原件一致
程
15.4.8
1509080

浙江增值税普通发票

3300134620　　№ 0082　　0088

（全国统一发票监制章 浙江 国家税务总局监制）

开票日期：2015年09月11日

34365 08988

购买方		密码区	
名称：	济南 动物营养品有限公司		>756234/1723+9<1*991/-57918
纳税人识别号：	370		
地址、电话：	济南市高新开发区 0531-888		79+8-4>450-285>96541338844+6
开户行及账号：	济南市农行 支行 15-158		

34188.03

货物或应税劳务名称	规格型号	单位	数量	单价	金额	税率	税额
	98%	公斤	500	68.376068376	34188.03	17%	5811.97
诺农	1%	公斤	3000	22.222222222	66666.67	17%	11333.33
合计					¥100854.70		¥17145.30
价税合计（大写）	⊗壹拾壹万捌仟圆整				（小写） ¥118000.00		

销售方		备注
名称：	浙江 动物药品有限公司	
纳税人识别号：	330	
地址、电话：	海宁市 0573-879	
开户行及账号：	工行海宁 支行 1204	尹

收款人：唐　　复核：陈　　开票人：　　销货单位：（章）

第一联：记账联 销货方记账凭证

374 号上海东港安全印刷有限公司

127

此复印件与原件一致.
程[redacted]
2016.4.8
1508141.

执法人员：周[redacted]
马[redacted]

浙江增值税专用发票

330014[redacted]　　№ 1510[redacted]

此联不作报销、扣税凭证使用　　开票日期：[illegible]

购货单位		密码区
名　　称：	济南[redacted]农业科技有限公司	66**04-/40//17501[illegible]
纳税人识别号：	370[redacted]	[redacted]
地 址、电 话：	济南市高新区[redacted] 0531-678[redacted]	<8*13+3+*</9*6/[illegible]
开户行及帐号：	中国农业银行[redacted]支行 151[redacted]	

货物或应税劳务名称	规格型号	单位	数　量	单　价	金　额	税率	税　额
仔猪用复合预混合饲料（[redacted]）	98%	公斤	100	70.796460177	7079.65	13%	[illegible]
合　　计					¥7079.65		[illegible]
价税合计（大写）	⊗捌仟圆整				（小写） ¥8000.00		

销货单位		备注
名　　称：	浙江[redacted]动物药品有限公司	100kg，8000
纳税人识别号：	330[redacted]	
地 址、电 话：	海宁市[redacted] 0573-879[redacted]	
开户行及帐号：	工行海宁[redacted]支行 1204[redacted]	

收款人：唐[redacted]　　复核：陈[redacted]　　开票人：尹[redacted]　　销货单位：（章）

第一联：记帐联　销货方记帐凭证

[2014] 10号海南华森实业公司

128

执法人员：周
孙

此复印件与原件一致、
程
2016.4.8

浙江增值税普通发票

330014

№ 0147

开票日期：

购买方		密码区	
名称：	济南 动物营养品有限公司		5>*/4422816/6070
纳税人识别号：	370		
地址、电话：	济南市高新开发区 0531-888		0/+31>2282<2//
开户行及账号：	济南市农行 支行 15-158		

货物或应税劳务、服务名称	规格型号	单位	数量	单价	金额	税率	税额
仔猪用复合预混合饲料（ ）	08%	公斤	400	70.796460177	28318.58	13%	
合计					¥28318.58		¥
价税合计（大写）	⊗叁万贰仟圆整				（小写）¥32000.00		

销售方		备注
名称：	浙江 动物药品有限公司	400kg, 32000
纳税人识别号：	330	
地址、电话：	海宁市 0573-879	
开户行及账号：	工行海宁 支行 1204	

收款人：胡　　复核：陈　　开票人：尹　　销售方：（章）

256 号上海东港安全印刷有限公司

此复印件与原件一致
[redacted]
2016.4.8

1506069

执法人员：周[redacted]

浙江增值税普通发票

330014[redacted]　　　　№ 0146[redacted]

5J020 04173 20114[redacted]

开票日期：[illegible]

购买方		密码区
名称：	济南[redacted]动物营养品有限公司	33089-*><5-70>1777[redacted]
纳税人识别号：	370[redacted]	[redacted]
地址、电话：	济南市高新开发区[redacted] 0531-888[redacted]	29*307>4<68-/52294027075[illegible]
开户行及账号：	济南市农行[redacted]支行 15-158[redacted]	

货物或应税劳务、服务名称	规格型号	单位	数量	单价	金额	税率	税额
羌球	98%	公斤	500	89.743589744	44871.79	17%	[illegible]
仔猪用复合预混合饲料（[redacted]）	98%	公斤	500	70.796460177	35398.23	13%	[illegible]
合计					￥80270.02		￥12229.98
价税合计（大写）	⊗ 玖万贰仟伍佰圆整				（小写）		￥92500.00

已于2015年6月24日在海宁[illegible]办理
国内保理　　9.25　万元

销售方		备注
名称：	浙江[redacted]动物药品有限公司	1500kg, 9000
纳税人识别号：	330[redacted]	
地址、电话：	海宁市[redacted] 0573-879[redacted]	
开户行及账号：	工行海宁[redacted]支行 1204[redacted]	

收款人：唐[redacted]　　复核：陈[redacted]　　开票人：尹[redacted]　　销售方：（章）330[redacted] 发票专用章

第一联：记账联 销售方记账凭证

[illegible]256号上海东港安全印刷有限公司

130

此复印件与原件一致.
程[redacted] 2016.4.8

执法人员：周[redacted] 马[redacted]

浙江增值税普通发票

330014[redacted]　　No 0146[redacted]　1505071

全国统一发票监制章 浙江 国家税务总局监制

36105 15765 30824 [redacted]　　开票日期：[illegible]

购买方	名　称：北京[redacted]生物科技股份公司 纳税人识别号：110[redacted] 地址、电话：北京市海淀区[redacted]512 010-6028[redacted] 开户行及账号：北京银行上地支行 10190[redacted]				密码区	3**<76**25[illegible] [redacted] 2<914[illegible]	
货物或应税劳务、服务名称	规格型号	单位	数量	单价	金额	税率	税额
仔猪用复合预混合饲料（[redacted]）	98%	公斤	500	60.17699115	30088.50	[illegible]	[illegible]
合　计					¥30088.50		[illegible]
价税合计（大写）	⊗叁万肆仟圆整				（小写）[illegible]		
销售方	名　称：浙江[redacted]动物药品有限公司 纳税人识别号：330[redacted] 地址、电话：海宁市[redacted]0573-870[redacted] 开户行及账号：工行海宁[redacted]支行 1204[redacted]				备注	网络发票号为：33130[redacted] 请验比对：您可通过[illegible] 台进验比对[illegible] 免不一致造成的[illegible]	

收款人：唐[redacted]　复核：陈[redacted]　开票人：尹[redacted]　销售方：（章）

第一联：记账联 销售方记账凭证

(2014) 256 号上海东港安全印刷有限公司

500kg，34000

13

132

批发人员：周[redacted]

此复印件与原件一致.
程[redacted] 2016.4.8

330014[redacted]　　浙江增值税普通发票　　№ 01460870　150505

开票日期：

购买方	名称：济南[redacted]动物营养品有限公司 纳税人识别号：370[redacted] 地址、电话：济南市高新开发区[redacted] 0531-886[redacted] 开户行及账号：济南市农行[redacted]支行 15-158[redacted]	密码区	0818<341*4-[redacted] 25*02*8427[redacted]

货物或应税劳务、服务名称	规格型号	单位	数量	单价	金额	税率	税额
*饲料用复合预混合饲料（[redacted]）	968	公斤	[illegible]	[illegible]	[illegible]	[illegible]	[illegible]
合　　计					¥ [illegible]		
价税合计（大写）	⊗ 佰万陆仟圆整				（小写）		

销售方	名称：浙江[redacted]动物药品有限公司 纳税人识别号：330[redacted] 地址、电话：海宁市[redacted] 0573-879[redacted] 开户行及账号：工行海宁[redacted]支行 1204[redacted]	备注	网络发票号为：[redacted] 查验比对：您可通过[illegible] 台查验比对发票内容与[illegible] 如不一致请向[illegible]

收款人：唐[redacted]　　复核：陈[redacted]　　开票人：尹[redacted]　　销售方：（章）

第一联：记账联　销售方记账凭证

[illegible]号上海东港安全印刷有限公司

其中 240kg, 1200.

此复印件与原件一致.

2016.4.8

133

浙江增值税专用发票

330014　　　　No 1510　　　　150617-8

此联不作报销、扣税凭证使用　　　　开票日期：

购货单位	名　　称：济南 农业科技有限公司 纳税人识别号：370 地 址、电 话：济南市高新区 0531-678 开户行及帐号：中国农业银行 支行 1511			密码区	+/35819*9 7506379 761 *26*5		
货物或应税劳务名称	规格型号	单位	数　量	单　价	金　额	税率	税　额
仔猪用复合预混合饲料（ ）	98%	公斤	200	70.796460177	14159.29	13%	1840.71
合　　计					¥14159.29		¥1840.71
价税合计（大写）	⊗壹万陆仟圆整				（小写）¥16000.00		
销货单位	名　　称：浙江 动物药品有限公司 纳税人识别号：330 地 址、电 话：海宁市 0573 879 开户行及帐号：工行海宁 支行 1204			备注	200 kg 16000.		

收款人：唐　　复核：陈　　开票人：尹　　销货单位：（章）

第一联：记帐联　销货方记帐凭证

〔2014〕10号海南华森实业公司

执法人员：周

案件处理意见书

<table>
<tr><td>案由</td><td colspan="7">未取得生产许可证生产饲料案</td></tr>
<tr><td rowspan="5">当事人</td><td rowspan="3">个人</td><td>姓名</td><td colspan="5">/</td></tr>
<tr><td>性别</td><td>/</td><td>年龄</td><td>/</td><td>电话</td><td>/</td></tr>
<tr><td>住址</td><td colspan="5">/</td></tr>
<tr><td rowspan="2">单位</td><td>名称</td><td colspan="3">浙江[redacted]生物股份有限公司</td><td>法定代表人（负责人）</td><td>陈[redacted]</td></tr>
<tr><td>地址</td><td colspan="3">浙江省海宁市[redacted]</td><td>电话</td><td>139[redacted]</td></tr>
<tr><td>案件调查经过</td><td colspan="7">本机关执法人员于2016年4月8日在浙江[redacted]生物股份有限公司饲料车间(公司平面图标识为饲料车间)检查时，发现当事人生产的“[redacted]”猪用肉质改良预混合饲料2桶，规格20kg/桶，其成品库卡显示生产日期2015年12月30日，批号415123002，数量1000公斤，2015年12月31日、2016年4月5日分别销售300公斤，2016年1月21日、27日车间领用360公斤。当事人的预混合饲料生产许可证有效期至2015年4月19日。2016年4月8日，本机关对当事人涉嫌违法行为进行立案调查，提取了企业营业执照、预混合饲料生产许可证、产品标签复印件、销售发票复印件、成品库卡，作了现场检查笔录，对违法产品拍摄照片；13日，对公司法人陈[redacted]、车间主任罗[redacted]作了询问笔录并提取了个人居民身份证复印件；14日对该公司副总程[redacted]作了询问笔录，提取了居民身份证复印件、公司自检报告单、生产指令单、原辅料入库单、领料单、成品入库单和发货单；15日提取该饲料的销售出库记录、公司的平面图，并由省农业执法总队向北京、山东农业部门发出关于该饲料的批次的协查函；26日对财务总监陈[redacted]作了询问笔录，提取了居民身份证复印件、物料收发明细表；5月4日收到检验报告；5月25日，对公司的技术经理王[redacted]作了询问笔录，提取了个人居民身份证复印件、技术开发(合作)合同复印件。</td></tr>
<tr><td>所附证据材料</td><td colspan="7">1、浙江[redacted]生物股份有限公司营业执照复印件、预混合饲料生产许可证复印件、产品标签复印件各1份；
2、询问笔录及居民身份证复印件5份；
3、浙江省农业投入品抽样单及检验报告各1份；
4、“[redacted]”预混合饲料发票复印件13份；
5、现场检查笔录2份；
6、照片6张；
7、浙江[redacted]生物股份有限公司生产指令单2份；
8、浙江[redacted]生物股份有限公司检验报告单5份；
9、浙江[redacted]生物股份有限公司原辅料入库单、领料单、成品入库单、成品库卡各1份；
10、发货单6份；
11、提取的销售出库记录、公司的平面图、物料收发明细表各1份；
12、技术开发(合作)合同复印件1份；
13、协查函协查情况说明2份；
14、委托书1份；
15、产品召回货运通知单1份。</td></tr>
</table>

135

调查结论及处理意见	经调查取证证实，当事人于2015年12月30日生产的“[redacted]”猪用肉质改良预混合饲料，共计2000公斤，其中批号415123001有1000公斤，已全部出售，在2016年5月24日召回的690.8公斤中有90.8公斤为该批号产品，即销售了909.2公斤，单价为70.79元/公斤，得销售款64362.26元，该批号产品货值70790元；批号415123002有1000公斤，在2015年12月31日、2016年4月5日共销售600公斤，在2016年5月24日召回的690.8公斤中有600公斤为该批号产品，2016年1月21日、27日车间领用360公斤供安吉县[redacted]牧业有限公司做试验用，即违法生产了640公斤，该批号产品货值根据当事人的最低销售单价60.17元/公斤计算，货值为38508.8元。这两个批号的产品共计违法所得64362.26元，货值109298.8元。 当事人未取得生产许可证生产饲料的违法行为，事实清楚，证据确凿，违反了《饲料和饲料添加剂管理条例》第十五条第三款的规定，依照《饲料和饲料添加剂管理条例》第三十八条第一款的规定，依照《浙江省农业行政处罚裁量基准》的规定，初次违法且未造成危害后果的，货值1万以上的处5倍以上6倍以下罚款。责令当事人改正违法行为，建议如下处罚决定： 1、没收违法所得陆万肆仟叁佰陆拾贰元贰角陆分（64，362.26）； 2、没收违法生产的产品“[redacted]”猪用肉质改良预混合饲料730.8公斤； 3、处货值金额6倍罚款，计陆拾伍万伍仟柒佰玖拾贰元捌角（655792.8）。 执法人员签名：周[redacted] 马[redacted] 2016年5月31日
执法机构意见	同意上报。 签名：许[redacted] 2016年5月31日
法制机构意见	提请进行重大案件集体讨论。 签名：徐[redacted] 2016年5月31日
执法机关意见	同意集体讨论意见 签名：[redacted] 2016年6月1日

农业行政处罚重大案件集体讨论意见书

<table>
<tr><td>案　　由</td><td>未取得生产许可证生产饲料案</td><td>案　　号</td><td>海农（饲料）罚〔2016〕2号</td></tr>
<tr><td>主持人</td><td>徐[redacted]</td><td>记录人</td><td>朱[redacted]</td></tr>
<tr><td>讨论地点</td><td>海宁市农业经济局[redacted]会议室</td><td>讨论时间</td><td>2016年5月31日</td></tr>
<tr><td>参加人员</td><td colspan="3">马[redacted]、茅[redacted]、陈[redacted]、杜[redacted]、许[redacted]、徐[redacted]、朱[redacted]、周[redacted]、马[redacted]</td></tr>
<tr><td>案情摘要</td><td colspan="3">经调查取证证实，当事人于2015年12月30日生产的“[redacted]”猪用肉质改良预混合饲料，共计2000公斤，其中批号415123001有1000公斤，已全部出售，在2016年5月24日召回的690.8公斤中有90.8公斤为该批号产品，即销售了909.2公斤，单价为70.79元/公斤，得销售款64362.26元，该批号产品货值70790元；批号415123002有1000公斤，在2015年12月31日、2016年4月5日共销售600公斤，在2016年5月24日召回的690.8公斤中有600公斤为该批号产品，2016年1月21日、27日车间领用360公斤供安吉县[redacted]牧业有限公司做试验用，即违法生产了640公斤，该批号产品货值根据当事人的最低销售单价60.17元/公斤计算，货值为38508.8元。这两个批号的产品共计违法所得64362.26元，货值109298.8元。
当事人未取得生产许可证生产饲料的违法行为，事实清楚，证据确凿，违反了《饲料和饲料添加剂管理条例》第十五条第三款的规定。</td></tr>
<tr><td>执法机构拟处理意见</td><td colspan="3">依照《饲料和饲料添加剂管理条例》第三十八条第一款的规定，依照《浙江省农业行政处罚裁量基准》的规定，初次违法且未造成危害后果的，货值1万以上的处5倍以上6倍以下罚款。责令当事人改正违法行为，并拟作出如下处罚决定：
1、没收违法所得陆万肆仟叁佰陆拾贰元贰角陆分（64，362.26）；
2、没收违法生产的产品“[redacted]”猪用肉质改良预混合饲料730.8公斤；
3、处货值金额6倍罚款，计陆拾伍万伍仟柒佰玖拾贰元捌角（655792.8）。
签名：许[redacted]
2016年5月31日</td></tr>
<tr><td>法制机构审核意见</td><td colspan="3">根据集体讨论意见执行。签名：徐[redacted]
2016年5月31日</td></tr>
<tr><td>集体讨论意见</td><td colspan="3">同意执法机构意见。
周[redacted] 徐[redacted] 朱[redacted] 马[redacted]
马[redacted] 茅[redacted] 陈[redacted] 许[redacted]
签名：
2016年5月31日</td></tr>
<tr><td>备　　注</td><td colspan="3"></td></tr>
</table>

海宁市农业经济局
行政处罚事先告知书

海农（饲料）告〔2016〕2号

浙江[redacted]生物股份有限公司：

2016年4月8日，本机关执法人员在执法检查中发现你单位生产的“[redacted]”猪用肉质改良预混合饲料（以下简称“[redacted]”饲料）2桶，规格20kg/桶，其成品库卡显示生产日期2015年12月30日，批号415123002，数量1000公斤，在2015年12月31日、2016年4月5日分别销售了300公斤，2016年1月21日、27日车间领用360公斤。你单位的添加剂预混合饲料生产许可证有效期至2015年4月19日。2016年4月8日，本机关对你单位未取得生产许可证生产饲料的行为予以立案调查。

经调查取证证实，2015年4月20日至案发，你单位共生产“[redacted]”饲料2个批次，共计2000公斤，其中批号415123001有1000公斤，已全部出售，在2016年5月24日召回的690.8公斤中有90.8公斤为该批号产品，即销售了909.2公斤，单价为70.79元/公斤，得销售款64362.26元，该批号产品货值70790元；批号415123002有1000公斤，在2015年12月31日、2016年4月5日共销售600公斤，在2016年5月24日召回的690.8公斤中有600公斤为该批号产品，2016年1月21日、27日车间领用360公斤供安吉县[redacted]牧业有限公司做试验用，即违法生产了640公斤，该批号产品货值根据你单位的最低销售单价60.17元/公斤计算，货值为38508.8元。这两个批号的产品共计违法所得 64362.26 元，货值 109298.8 元。

以上事实有下列证据证实：

1、农业行政执法巡查记录表 2 页，证明案件的来源；

2、浙江[redacted]生物股份有限公司营业执照（副本）复印件、法定代表人陈[redacted]居民身份证复印件各 1 份，证明你单位是本案的违法主体；

3、全国企业信用信息公示系统打印件 1 份，证明你单位在 2015 年 10 月 23 日变更企业名称，由浙江[redacted]动物药品有限公司变更为浙江[redacted]生物股份有限公司；

4、法定代表人陈[redacted]询问笔录、委托书、被委托人程[redacted]身份证复印件各 1 份，证明被委托人受法人委托全权处理此案相关事宜；

5、添加剂预混合饲料生产许可证复印件 1 份，证明你单位的生产许可证已过期；

6、产品标签复印件 1 份，证明“[redacted]”饲料的有效成分和使用的生产许可证号；

7、浙江省农业投入品抽样单、检验报告、资料签收单各 1 份，证明抽检的“[redacted]”饲料没有违禁药物，你单位对检验结果无异议；

8、饲料车间现场检查笔录和厂区总图各 1 份，照片 3 张，证明“[redacted]”饲料剩余数量、产品信息及存放位置；

9、留样室现场检查笔录 1 份，证明未找到“[redacted]”饲料的留样样品；

10、车间现场检查笔录、烟酸铬物料收发明细表、酵母硒物料收发明细表、酵母粉物料收发明细表各 1 份，证明生产“　　”饲料的原料已用完；

11、销售出库记录 1 份，证明你单位销售的“　　”饲料批号、数量、去向和单价（含税），单价包括 68 元/公斤和 80 元/公斤两种；

12、生产指令单、领料单、成品入库单各 1 份，浙江　　动物药品有限公司检验报告单 3 份，证明你单位在 2015 年 4 月 9 日生产了“　　”饲料 5000 公斤；

13、“　　”饲料发货单 5 份，证明销售出库记录上的“批号”是指发货单的单据号；

14、“　　”物料收发明细表 1 份，证明你单位在 2015 年 4 月 20 日至案发入库、销售、结存的“　　”饲料数量；

15、协查函 2 份，协查复函 1 份，证明你单位销售给北京　　生物科技股份公司的“　　”饲料为 2015 年 3 月 28 日生产；

16、浙江　　动物药品有限公司检验报告单 1 份，证明批号 415123002 的“　　”饲料生产时间、生产数量；

17、“　　”成品库卡 1 份，证明批号 415123002 的“　　”饲料的生产时间、生产数量、销售和车间领用数量；

18、浙江增值税普通发票复印件 13 份，中华人民共和国增值税暂行条例 1 份，根据条例第六条的规定，认定违法所得和货值按销售单价（不含税）计算，包括 60.17 元/公斤和 70.79 元/公斤两种；

19、被委托人程　　询问笔录 1 份，证明你单位对销售出库记录“批号”为发货单单据号的说明，对无证生产“　　”饲料的事实和生产数量、销售数量、发票的认可；

20、生产车间主任罗[redacted]询问笔录、居民身份证复印件各1份，证明你单位对“[redacted]”饲料原料配方、生产过程、无证生产、车间领用的认可；

21、财务总监陈[redacted]询问笔录、居民身份证复印件各1份，证明你单位对销售出库记录“批号”栏的录入内容；

22、技术开发（合作）合同复印件、安吉县[redacted]牧业有限公司关于“[redacted]”饲料试验情况说明、技术部经理王[redacted]询问笔录、居民身份证复印件各1份，证明“[redacted]”饲料车间领用的用途；

23、储运单1份，召回产品照片3张，证明你单位召回的产品数量。

本机关认为，你单位的上述行为违反了《饲料和饲料添加剂管理条例》第十五条第三款“生产许可证有效期为5年。生产许可证有效期满需要继续生产饲料、饲料添加剂的，应当在有效期届满6个月前申请续展。”的规定，已构成违法。

依照《饲料和饲料添加剂管理条例》第三十八条第一款“未取得生产许可证生产饲料、饲料添加剂的，由县级以上地方人民政府饲料管理部门责令停止生产，没收违法所得、违法生产的产品和用于违法生产饲料的饲料原料、单一饲料、饲料添加剂、药物饲料添加剂、添加剂预混合饲料以及用于违法生产饲料添加剂的原料，违法生产的产品货值金额不足1万元的，并处1万元以上5万元以下罚款，货值金额1万元以上的，并处货值金额5倍以上10倍以下罚款；情节严重的，没收其生产设备，生产企业的主要负责人和直接负责的主管人员10年内不得从事饲料、饲料添加剂生产、经营活动。”的规定，你单位属初次违法，且召回部分已销售产品，未造成严重危害后果。本机关责令你单位改正违法行为，拟对你单位作出如下处罚决定：

1、没收违法所得陆万肆仟叁佰陆拾贰元贰角陆分（64362.26元）；

2、没收违法生产的“[redacted]”猪用肉质改良预混合饲料730.8公斤；

3、处货值金额6倍罚款，计陆拾伍万伍仟柒佰玖拾贰元八角（655792.8元）

以上罚没款共计柒拾贰万零壹佰伍拾伍元陆分（720155.06元）。

根据《中华人民共和国行政处罚法》第三十一条、第三十二条、第四十二条的规定，你单位可在2016年6月6日前向本机关进行陈述申辩、申请听证，逾期不陈述申辩、申请听证的，视为你单位放弃上述权利，本机关将依法作出行政处罚决定。

海宁市农业经济局

2016年6月2日

处罚机关地址：海宁市硖石街道农丰路389号

联系人：周[redacted]（农业行政执法大队） 徐[redacted]（法规科）

联系电话： 0573-8763[redacted]、8723[redacted] 邮政编码：314400

送达回证

<table>
<tr><td>案　　由</td><td colspan="5">未取得生产许可证生产饲料案</td></tr>
<tr><td>受送达人</td><td colspan="5">浙江[redacted]生物股份有限公司</td></tr>
<tr><td>送达单位</td><td colspan="5">海宁市农业经济局</td></tr>
<tr><td>送达文书及文号</td><td>送达地点</td><td>送达人</td><td>送达
方式</td><td>收到日期</td><td>收件人
签名</td></tr>
<tr><td>海宁市农业经济局行政处罚事先告知书
海农(饲料)告[2016]2号</td><td>海宁市农业经济局</td><td>马[redacted]
周[redacted]</td><td>直接送达</td><td>2016.6.2</td><td>程[redacted]</td></tr>
<tr><td>(以下空白)</td><td></td><td></td><td></td><td></td><td></td></tr>
<tr><td></td><td></td><td></td><td></td><td></td><td></td></tr>
<tr><td></td><td></td><td></td><td></td><td></td><td></td></tr>
<tr><td></td><td></td><td></td><td></td><td></td><td></td></tr>
<tr><td>备注</td><td colspan="5"></td></tr>
</table>

行政处罚决定审批表

<table>
<tr><td>案由</td><td colspan="7">未取得生产许可证生产饲料案</td></tr>
<tr><td rowspan="5">当事人</td><td rowspan="3">个人</td><td>姓名</td><td colspan="5">/</td></tr>
<tr><td>性别</td><td>/</td><td>年龄</td><td>/</td><td>电话</td><td>/</td></tr>
<tr><td>住址</td><td colspan="5">/</td></tr>
<tr><td rowspan="2">单位</td><td>名称</td><td colspan="2">浙江[redacted]生物股份有限公司</td><td colspan="2">法定代表人（负责人）</td><td>陈[redacted]</td></tr>
<tr><td>地址</td><td colspan="3">浙江省海宁市[redacted]</td><td>电话</td><td>139[redacted]</td></tr>
<tr><td>陈述申辩或听证情况</td><td colspan="7">2016 年 6 月 2 日，当事人收到海宁市农业经济局行政处罚事先告知书海农（饲料）告〔2016〕2 号，当事人在 3 日内未对本机关拟作出的行政处罚提出陈述申辩和听证。</td></tr>
</table>

送达回证

案由	未取得生产许可证生产饲料案				
受送达人	浙江[redacted]生物股份有限公司				
送达单位	海宁市农业经济局				
送达文书及文号	送达地点	送达人	送达方式	收到日期	收件人签名
海宁市农业经济局行政处罚决定书 海农(饲料)罚[2016]2号	海宁市[redacted]	周[redacted] 马[redacted]	直接送达	2016.6.8	[redacted]
(以下空白)					
备注					

海宁市行政机关罚没款缴款通知书

№ 1209[redacted]

执罚单位编码：　　　　2016 年 6 月 12 日

缴款单位（或个人）	浙江[redacted]生物股份有限公司	联系电话		限缴日期	年　月　日
项目代码	罚没款项目	单位	数量	罚没标准	金额
	没收违法所得	元			64362.26
	罚款	元			655792.80
人民币（大写）合计	柒拾贰万零壹佰伍拾伍元零陆分 ¥720155.06				
执罚单位（盖章）	海宁市农业经济局	经手人签章	周[redacted]	代收银行户名及帐号	农行 海宁市财政局非税收入专户 350[redacted]

第三联 通知联 退还执罚单位 代收银行盖章后集

本通知书只作缴款通知之用，不作支出及报销凭证。

缴款人办妥付款手续后，持付款人回单到代收网点开具罚没票据。

浙江省代收罚没款专用票据

票据代码：13201

收款日期：2016年 6月 12日　　　票据号码：15005[redacted]

交款人	浙江[redacted]生物股份有限公司
执法机关	海宁市农业经济局
处罚决定书号码	海农（饲料）罚（2016）2号
罚没款金额	¥720,155.06
加收罚款金额	
金额人民币（大写）柒拾贰万零壹佰伍拾伍元零陆分	合计金额 ¥720,155.06
代收银行（盖章） 农行海宁支行营业中心	经办人 徐[redacted]

第三联 回执，代收机构收款盖章后退作出处罚决定的行政机关。

中国农业银行股份有限公司海宁市支行 2016.06.12

浙江省罚没财物专用票据

票据代码：[illegible]

执法机关代码：　　2016 年 6 月 12 日　　　票据号码：1501076203

被处罚人	浙江[redacted]生物股份有限公司	处罚决定书号码	[illegible]
处罚依据	[illegible]		
项目编码	罚没项目名称	数量	罚没金额
	没收违法所得[redacted][illegible]	[illegible]	720.[illegible]
币种	合计金额（大写）		（小写）
备注			

执法机关（章）　　　　经办人：周[redacted]

注：[illegible]

存根联 附卷联

海宁市农业经济局 3304810011841

处罚结案报告

<table>
<tr><td>案　由</td><td colspan="3">未取得生产许可证生产饲料案</td></tr>
<tr><td>当事人</td><td colspan="3">浙江[redacted]生物股份有限公司</td></tr>
<tr><td>立案时间</td><td>2016 年 4 月 8 日</td><td>处罚决定
送达时间</td><td>2016 年 6 月 8 日</td></tr>
<tr><td colspan="4">处罚决定：
1、没收违法所得陆万肆仟叁佰陆拾贰元贰角陆分(64，362.26)；
2、没收违法生产的产品“[redacted]”猪用肉质改良预混合饲料 730.8 公斤；
3、处货值金额 6 倍罚款，计陆拾伍万伍仟柒佰玖拾贰元捌角(655792.8)；
执行情况：
当事人收到行政处罚决定书后，2016 年 6 月 12 日向海宁市农业银行缴纳罚没款；执法人员依法没收 730.8 公斤“[redacted]”猪用肉质改良预混合饲料。至此本案已执行完毕，建议结案。
执法人员签名：周[redacted]　马[redacted]
2016 年 6 月 15 日</td></tr>
<tr><td>执法
机构
意见</td><td colspan="3">同意上报。
签名：汪[redacted]
2016 年 6 月 15 日</td></tr>
<tr><td>执法
机关
意见</td><td colspan="3">同意。
签名：[redacted]
2016 年 6 月 15 日</td></tr>
</table>

卷 内 备 考 表

本卷情况说明：

立 卷 人：周[redacted]

检 查 人：许[redacted]

立卷时间：2016年6月22日

图书在版编目(CIP)数据

农业执法案例汇编 / 农业农村部法规司, 农业农村部管理干部学院编. -- 北京 : 法律出版社, 2019(2020.8 重印)
ISBN 978-7-5197-3223-3

Ⅰ. ①农… Ⅱ. ①农… ②农… Ⅲ. ①农业法-行政执法-案例-中国 Ⅳ. ①D922.45

中国版本图书馆 CIP 数据核字(2019)第040497号

农业执法案例汇编
NONGYE ZHIFA ANLI HUIBIAN

农业农村部法规司
农业农村部管理干部学院 编

策划编辑 沈小英 马丽娟
责任编辑 马丽娟
装帧设计 鲍龙卉

编辑统筹 法治与经济出版分社
出版 法律出版社
总发行 中国法律图书有限公司
经销 新华书店
印刷 中煤(北京)印务有限公司
责任印制 吕亚莉
开本 880毫米×1230毫米 1/16
印张 19.75
字数 376千
版本 2019年5月第1版
印次 2020年8月第2次印刷

法律出版社/北京市丰台区莲花池西里7号(100073)
网址/www.lawpress.com.cn
投稿邮箱/info@lawpress.com.cn
举报维权邮箱/jbwq@lawpress.com.cn
销售热线/400-660-8393
咨询电话/010-63939796

中国法律图书有限公司/北京市丰台区莲花池西里7号(100073)
全国各地中法图分、子公司销售电话:
统一销售客服/400-660-8393/6393
第一法律书店/010-83938432/8433
西安分公司/029-85330678
重庆分公司/023-67453036
上海分公司/021-62071639/1636
深圳分公司/0755-83072995

书号:ISBN 978-7-5197-3223-3
定价:88.00元
(如有缺页或倒装,中国法律图书有限公司负责退换)